अष्टावक्र गीता

अष्टावक्र गीता

स्वामी प्रखर प्रज्ञानंद

प्रकाशक

प्रभात प्रकाशन प्रा. लि.

4/19 आसफ अली रोड, नई दिल्ली–110002

फोन : 23289777 • हेल्पलाइन नं. : 7827007777

इ–मेल : prabhatbooks@gmail.com ❖ वेब ठिकाना : www.prabhatbooks.com

संस्करण

2026

पेपरबैक मूल्य

तीन सौ रुपए

मुद्रक

नरुला प्रिंटर्स, दिल्ली

———————— ★ ————————

ASHTAVAKRA GEETA

by Swami Prakhar Pragyanand

Published by **PRABHAT PRAKASHAN PVT. LTD.**

4/19 Asaf Ali Road, New Delhi-110002

ISBN 978-93-5186-734-0

₹ 300.00 (PB)

श्री गणेशाय नमः

श्री गुरवे नमः, श्री परमात्मने नमः

गणेश वंदना

गजाननं भूतगणादिसेवितं कपित्थजम्बूफलचारु-भक्षणम्।
उमासुतं शोकविनाशकारकं नमामि विघ्नेश्वर पाद पङ्कजम्।।

गुरु वंदना

ब्रह्मानन्दं परमसुखदं केवलं ज्ञानमूर्तिं द्वन्द्वातीतं गगनसदृशं तत्त्वमस्यादिलक्ष्यम्।
एकं नित्यं विमलमचलं सर्वधीसाक्षिभूतं भावातीतं त्रिगुणरहितं सद्गुरुं त्वं नमामि।।

ॐ

ध्यानमूलं गुरोर्मूर्तिः पूजामूलं गुरोः पदम्।
मन्त्रमूलं गुरोर्वाक्यं मोक्षमूलं गुरोः कृपा।।

श्री गणेशाय नमः
ॐ श्री गुरवे नमः, श्री परमात्मने नमः

प्रस्तुत पुस्तक 'अष्टावक्र गीता के अनुकरणीय सारतत्त्व' संबंधित ग्रंथ के सूत्रों पर आधारित है। इसको लिपिबद्ध करने की प्रेरणा मंत्र दीक्षा गुरु वेदमूर्ति आचार्य पं. श्रीरामजी शर्मा, शांति कुंज, हरिद्वार तथा संन्यास दीक्षा गुरु परमपूज्य स्वामी चिदानंद सरस्वती एवं परमपूज्य स्वामी प्रेमानंद सरस्वती, दिव्य जीवन संघ, शिवानंद आश्रम, ऋषिकेश के श्रीचरणों के आशीर्वादस्वरूप प्राप्त हुई। गुरुतत्त्व की कृपा ही मेरा ज्ञान एवं साधना है। इस शरीर का इसमें कुछ भी नहीं है। अतः 'तेरा तुझको अर्पण' के भाव से श्रद्धा, कृतज्ञतायुक्त आराधना के रूप में गुरु सत्ता के श्रीचरण-कमलों में सादर समर्पित–

त्वदीयं वस्तु गोविन्दं तुभ्यमेव समर्पये!
सद्गुरुदेव भगवान् की चरण-रज का
एक अति सूक्ष्म कण।

–प्रखर प्रज्ञानंद

भूमिका

'अष्टावक्र गीता' यथार्थ में भारतीय अध्यात्म का शिरोमणि ग्रंथ है। इसकी तुलना अन्य किसी ग्रंथ से नहीं की जा सकती। इसका कारण यह है कि इसमें अष्टावक्रजी के बड़े ही अनूठे वक्तव्य हैं। यह कोई सैद्धांतिक वक्तव्य नहीं है, प्रत्युत प्रयोगसिद्ध वैज्ञानिक सत्य है, जिसको उन्होंने राजा जनक पर प्रयोग करके सत्य सिद्ध कर दिखाया। अष्टावक्रजी ने राजा जनक को श्रीकृष्ण की तरह अनेक विधियाँ न बताकर आत्मज्ञान के बोध की एक ही विधि बताई, जो अनूठी, भावातीत, देश-काल की सीमा के परे, पूर्ण वैज्ञानिक है। बिना किसी कथा व उदाहरण के, बिना प्रमाणों-तर्कों के दिया गया यह शुद्धतम वक्तव्य गणित जैसा है, जो आज तक अध्यात्म-जगत् में नहीं दिया गया। यह अध्यात्म की ऐसी धरोहर है, जिसके बारे में कुछ कहना सूर्य को दीपक दिखाने जैसा ही है।

अष्टावक्रजी बुद्धपुरुष थे, जिनका नाम अध्यात्म जगत् में बड़े सम्मान के साथ लिया जाता है। कहावत है कि 'होनहार बिरवान के होत चीकने पात', 'सपूत के पाँव पालने में पहचाने जाते हैं।' ये कहावतें अष्टावक्रजी पर चरितार्थ होती हैं। उनके जीवन से यह सिद्ध होता है कि वे ज्ञानियों में शिरोमणि थे।

कहते हैं कि जब वे माता के गर्भ में थे, उस समय उनके पिताश्री वेद का पाठ कर रहे थे, तो उन्होंने गर्भ में से ही पिता को टोक दिया, ''शास्त्रों में ज्ञान कहाँ है? ज्ञान तो स्वयं के भीतर है। सत्य शास्त्रों में नहीं, स्वयं में

है, शास्त्र तो शब्दों का संग्रह मात्र हैं।'' यह सुनते ही उनके पिताजी का अहंकार जाग उठा और उन्होंने क्रोधित होकर गर्भस्थ शिशु को शाप दे दिया कि ''तू आठ अंगों से टेढ़ा-मेढ़ा एवं कुरूप होगा।'' ऐसा हुआ भी, इसीलिए उनका नाम 'अष्टावक्र' पड़ा।

अष्टावक्रजी के संबंध में जो दूसरी कथा कही जाती है कि जब वे मात्र बारह वर्ष के थे तो राजा जनक ने तत्त्व-ज्ञान पर शास्त्रार्थ के लिए एक सभा का आयोजन किया। विजयश्री प्राप्त करनेवाले को सोने से मढ़े सींगोंवाली गायें दी जानी थीं। शास्त्रार्थ के आयोजन में भाग लेने बड़े-बड़े विद्वान् एकत्र हुए। अष्टावक्रजी के पिताश्री भी सम्मिलित हुए। वे सबसे तो जीत गए, पर एक पंडित से हार रहे थे। अष्टावक्रजी जब अपने टेढ़े-मेढ़े शरीर से चलते सभा में पहुँचे तो उनकी आकृति को देखकर सभी सभासद् हँस पड़े। कुछ देर रुकने के बाद अष्टावक्रजी भी जोर से हँसे।

इसपर राजा जनक ने उनसे पूछा, ''इन विद्वानों के हँसने का कारण तो समझ में आता है, पर आप क्यों हँसे?''

अष्टावक्रजी ने कहा, ''मैं इसलिए हँसा कि इन चर्मकारों की सभा में कहाँ से आ टपका!''

सर्वत्र सन्नाटा छा गया। राजा जनक ने जिन्हें विद्वान् समझकर बुलाया था उन्हें कोई चर्मकार कह दे, यह उनका भी अपमान था। सभासद् अपना रोष प्रकट करते, उससे पहले ही राजा जनक ने स्थिति सँभालते हुए अष्टावक्रजी से पूछा, ''आपके कथन का क्या अर्थ है, यह मैं नहीं समझ पाया।''

इसपर श्री अष्टावक्रजी ने कहा, ''बहुत सीधी सी बात है, चर्मकार चमड़ी का ही पारखी होता है, वह ज्ञान को क्या समझे! ज्ञानी ज्ञान को देखता है, चमड़ी को नहीं। इनको मेरी चमड़ी, टेढ़ा-मेढ़ा शरीर ही दिखाई दिया, जिसे देखकर ये हँस पड़े। ये चमड़ी के अच्छे पारखी हैं। अत: ये ज्ञानी नहीं, चर्मकार ही हो सकते हैं। शरीर के वक्र आदिक धर्म आत्मा के कदापि नहीं हो सकते। हे राजन्! ज्ञानवान् तो आत्म-दृष्टि से संपन्न होता है। वह आत्मा को ही देखता है, जबकि अज्ञानी चर्म-दृष्टि। चर्म-दृष्टि से अज्ञानी देखते हैं, ज्ञानवान् नहीं।'' अष्टावक्रजी के इन सारगर्भित वचनों को सुनकर राजा जनक

बड़े प्रभावित हुए और उनके चरणों में गिर पड़े। उन्होंने साष्टांग दंडवत् किया और उन्हें ज्ञान का उपदेश देने हेतु अपने महल में आमंत्रित किया। अष्टावक्रजी को सिंहासन पर बैठाया। स्वयं उनके चरणों में बैठकर शिष्य–भाव से अपनी जिज्ञासाओं का बारह वर्षीय बालक अष्टावक्रजी से समाधान कराया। यही शंका समाधान अष्टावक्र संवाद रूप में 'अष्टावक्र गीता' है।

–प्रखर प्रज्ञानंद

विषय-सूची

श्री अष्टावक्र गीता के अनुकरणीय सारतत्त्व

भारत ने अध्यात्म के सर्वोच्च शिखर को छुआ है। यह शिखर है अद्वैत, जो इस सृष्टि को ईश्वर की कृति नहीं, अभिव्यक्ति मानता है। ज्ञान-शिरोमणि अष्टावक्रजी ने अद्वैत को ही प्रतिष्ठित किया है।

मुमुक्षु राजा जनक ने अष्टावक्रजी से तीन प्रश्न पूछे, जो वास्तव में संपूर्ण अध्यात्म का सार हैं। ये प्रश्न हैं—'ज्ञान कैसे प्राप्त होता है, मुक्ति कैसे होती है तथा वैराग्य कैसे प्राप्त होता है?'

उपर्युक्त तीन प्रश्नों के उत्तर में जो अमृतरूपी ज्ञान निहित है, उसी का मूर्तरूप है 'श्री अष्टावक्र गीता'। इसमें अध्यात्म-जगत् की बड़ी ही अद्‌भुत घोषणाएँ हैं। अत: 'अष्टावक्र गीता' को भारतीय अध्यात्म का शिरोमणि ग्रंथ कहने में कोई अतिशयोक्ति नहीं होगी।

'अष्टावक्र गीता' में राजा जनक और ज्ञान-शिरोमणि अष्टावक्र के ज्ञान-संवाद में अध्यात्म की गहराइयों का ही वर्णन है, जिसके अध्ययन एवं अनुकरण से आत्मज्ञान के मुमुक्षु व्यक्ति सांसारिक बंधनों से मुक्त होकर जीव की उच्चतम स्थिति अर्थात् मोक्ष को प्राप्त कर सकता है।

प्रस्तुत पुस्तक में ज्ञान-शिरोमणि श्री अष्टावक्र के श्रीमुख से नि:सृत ज्ञानामृत के सारतत्त्व को बहुत ही सरल भाषा में प्रस्तुत करने का प्रयास किया गया है। अध्यात्म में थोड़ी सी भी रुचि रखनेवाला साधारण व्यक्ति भी आसानी से इसका लाभ उठा सकता है, क्योंकि अष्टावक्रजी के सभी

वक्तव्य बड़े अनूठे हैं, जो सीधे बोध को जाग्रत् करते हैं और बोध से ही आध्यात्मिक क्रांति आती है।

ज्ञान–प्राप्ति की जिज्ञासा भी पूर्वजन्मों के संस्कारों के बिना नहीं होती। जब संस्कार तीव्र हो जाते हैं तब वह व्यक्ति अनायास ही सत् साहित्य की प्राप्ति एवं सद्‌गुरु की कृपा का प्रसाद पाने का अधिकारी हो जाता है।

पहला प्रकरण

राजा जनक की जिज्ञासा

'अष्टावक्र गीता' का आरंभ मुमुक्षु राजा जनक द्वारा पूछे गए तीन प्रश्नों से होता है–

१. ज्ञान कैसे प्राप्त होता है?

२. मुक्ति कैसे प्राप्त होती है?

३. वैराग्य कैसे प्राप्त होता है?

उपर्युक्त प्रश्नों के उत्तर, जो श्री अष्टावक्र ने दिए, वास्तव में संपूर्ण अध्यात्म का सार हैं, जिसको अपने आचरण एवं व्यवहार में उतारकर ही जीव सुर-दुर्लभ 'मनुष्य योनि' को सार्थक कर सकता है। इस लक्ष्य, इस उद्देश्य की प्राप्ति में समय की भिन्नता हो सकती है, क्योंकि मनुष्य निम्नवत् चार प्रकार के होते हैं–

१. ज्ञानी–जिसे ज्ञान प्राप्त हो चुका है।

२. मुमुक्षु–जो ज्ञान-प्राप्ति के लिए लालायित है और हर कीमत पर उसे प्राप्त करने को तत्पर है।

३. अज्ञानी–जिसे शास्त्रों आदि का ज्ञान तो है, पर उपलब्धि के प्रति उसमें रुचि नहीं है।

४. मूढ़–जिसे अध्यात्म जगत् का कुछ पता नहीं है और न जानना ही चाहता है।

जो मनुष्य ज्ञान प्राप्त कर लाभान्वित होना चाहते हैं, उन्हें अपनी

मूढ़ता-अज्ञानता को दूर करने का प्रयास करना ही होगा, मुमुक्षा जाग्रत् करनी ही होगी। अपने पात्र को साफ करना होगा, क्योंकि उसमें गंदगी भरी है। यदि ऐसे पात्र में अमृत भी ले लिया जाए तो वह भी विषाक्त हो जाएगा, फिर वांछित लाभ मिलना कठिन ही नहीं, असंभव हो जाएगा।

वैराग्य

श्री अष्टावक्र के मतानुसार, आत्मज्ञान के लिए वैराग्य का होना परम आवश्यक है, क्योंकि इसके बिना मनुष्य आत्मज्ञान का अधिकारी नहीं बनता।

अतः अष्टावक्र राजा जनक को आत्मज्ञान के विषय में बताने से पहले वैराग्य का स्वरूप बता रहे हैं, जो राजा जनक का तीसरा प्रश्न है।

वैराग्य क्या है?

वैराग्य का अर्थ संसार को छोड़ना या उससे पलायन करना नहीं है, प्रत्युत विवेक द्वारा विषयों को अनंत दुःख एवं बंधन का कारण समझकर उनसे पूर्णतया अरुचि हो जाना तथा उनमें व्याप्त सर्वथा संग दोष से निवृत्त हो जाना ही वैराग्य है। भोग-वृत्ति का त्याग, अनित्य वस्तुओं में आसक्ति का त्याग ही वैराग्य है।

हमने भगवान् से विमुख होकर अपने शरीर एवं इस नश्वर संसार से जो संबंध मान लिये हैं, उनके प्रति जो आसक्ति उत्पन्न कर ली है, उस आसक्ति का त्याग ही वैराग्य है। यदि विचार किया जाए तो वास्तव में संसार बंधन नहीं प्रत्युत उसके प्रति जो आसक्ति है, लगाव है-यही बंधन है।

श्री अष्टावक्रजी कहते हैं कि आसक्ति का मुख्य कारण है अहंकार। जब तक यह है, आसक्ति होगी ही।

अहंकार क्या है-यह अंतःकरण की एक वृत्ति है। यह दो प्रकार का होता है-वास्तविक, जैसे मैं आत्मा हूँ; अवास्तविक, जैसे मैं शरीर हूँ।

संसार और आत्मा दो छोर हैं। बाहर है संसार, भीतर है आत्मा (परमात्मा)। ये दोनों मार्ग विभिन्न दिशाओं में जा रहे हैं। मनुष्य इन दोनों के मध्य में खड़ा है। यदि वह संसार की ओर भागता है तो परमात्मा से दूर होता है,

यदि वह परमात्मा की ओर जाना चाहता है तो उसे संसार से संबंध-विच्छेद करना ही होगा। संसार से विमुख होना ही वैराग्य है। यदि वह संसार के प्रति आसक्ति का केवल त्याग भर कर देता है तो ज्ञान-प्राप्ति का अधिकारी बन जाता है।

मनुष्य के अहंकार के कारण ही लोभ, मोह, वासना आदि पैदा होते हैं, जिससे वह कर्म-जाल के इस बंधन में फँस जाता है।

आत्मज्ञान

अब आत्मज्ञान के संदर्भ में श्री अष्टावक्र द्वारा दिए गए वक्तव्य के सारतत्त्व पर चर्चा करेंगे।

अध्यात्म में ज्ञान का अर्थ है—आत्मज्ञान। आत्मज्ञान ही परमात्मा का ज्ञान है, क्योंकि आत्मा से परमात्मा भिन्न नहीं है। इस आत्म-तत्त्व का ज्ञान होने पर फिर कुछ जानना शेष नहीं रह जाता, सबकुछ जाना हुआ हो जाता है।

आत्मज्ञान क्या है—इस संदर्भ में ज्ञान-शिरोमणि अष्टावक्रजी कहते हैं—''मनुष्य शरीर मात्र नहीं है, वह चैतन्य आत्मा है। आत्मा ही उसका वास्तविक स्वरूप है, वही सम्राट् है। यह शरीर, मन, बुद्धि आदि उसके भृत्य (दास) हैं, जो उसके आदेशानुसार कार्य कर रहे हैं।

''आत्मा सूक्ष्म है, जिसके ज्ञान के अभाव में ऐसी भ्रांति होती है कि मैं शरीर हूँ। इस भ्रांति के निवारणार्थ वे कहते हैं कि तू न पृथ्वी है, न जल है, न अग्नि है, न वायु और न ही आकाश है। इन पंच तत्त्वों से बना तू भौतिक शरीर नहीं है। ये पंच तत्त्व भौतिक, अनित्य एवं नष्ट होने वाले हैं। मृत्यु के बाद नष्ट हो जाएँगे, तू फिर भी जीवित रहेगा। मृत्यु के बाद भी तू अपनी अगली यात्रा पर निकल जाएगा। यह शरीर वस्त्र मात्र है। पुराने को त्याग नए शरीर रूपी वस्त्र धारण कर लेगा। भौतिक पदार्थों से बना यह शरीर रूपी घर है, तू इसमें निवास करनेवाला साक्षी चैतन्य रूप है। संपूर्ण भौतिक जगत् का आधार चैतन्य है। तू भी वही चैतन्य है।''

यही ज्ञान है। मनुष्य यदि समस्त दृश्य-प्रपंच का साक्षी, द्रष्टा बन

जाता है तो आत्म-बोध हो जाएगा।

आत्मा का स्वरूप—ज्ञान-शिरोमणि श्री अष्टावक्र आत्मा का स्वरूप बताते हुए कहते हैं—

१. आत्मा साक्षी है, यह सबका द्रष्टा है। यह सबको देखता है, पर इसको देखनेवाला कोई नहीं है। यह तुम्हारा होना है।

२. आत्मा व्यापक है, इसे किसी प्रकार सीमित नहीं किया जा सकता, किसी मान्यता या परिभाषा में कैद भी नहीं किया जा सकता है।

३. आत्मा पूर्ण है, ब्रह्म भी पूर्ण है। आत्मा भी ब्रह्म की तरह पूर्ण है। इसमें कोई अपूर्णता नहीं है। 'ईशावास्य' उपनिषद् के अनुसार—''वह पूर्ण है और यह भी पूर्ण है, क्योंकि पूर्ण से ही पूर्ण की उत्पत्ति होती है तथा पूर्ण का पूर्णत्व लेकर पूर्ण ही बचा रहता है।''

४. जब आत्मा एक है तब ब्रह्म भी एक ही है। सभी जीवों में भिन्न-भिन्न आत्मा नहीं है। भिन्नता अज्ञान और भ्रम से प्रतीत होती है। जिन्हें आत्मा का, ब्रह्म का ज्ञान नहीं है वे ही भिन्न-भिन्न जीवों में स्थित आत्मा को भिन्न-भिन्न मान लेते हैं।

५. आत्मा मुक्त है—आत्मा का कोई बंधन नहीं है। बंधन शरीर एवं मनोगत है। इनसे संबंध-विच्छेद होने पर ही प्रतीति होती है कि आत्मा मुक्त है।

   वास्तव में शरीर व मन के कारण ही आत्मा के भी बंधन की भ्रांति होती है, जो ज्ञान या बोध से ही मिटती है।

६. आत्मा चैतन्य है। यह संपूर्ण सृष्टि इस चैतन्य की ही अभिव्यक्ति है। यही चैतन्य विभिन्न रूपों में दिखाई देता है।

७. आत्मा क्रिया-रहित है। आत्मा स्वयं कर्ता नहीं है और न ही क्रिया इसका धर्म है। यह अक्रिय है। आत्मा की उपस्थिति से ही सब हो जाता है। यह क्रिया उसकी शक्ति का खेल है।

८. आत्मा असंग है, इसका कोई साथी या परिवार आदि नहीं है।

यह अकेला है। यह न किसी से प्रेम करता है और न द्वेष। यह अकेले ही सर्वगुण-संपन्न है।

९. आत्मा निस्पृह है, इसकी कोई इच्छा, आकांक्षा अथवा अपेक्षा नहीं है। यह न प्रसन्न होता है और न क्रोधित। इसमें न कोई हलचल है और न कोई तरंग उठती है। यह उद्वेलित भी नहीं होती। आत्मा इन सांसारिक कार्यों में लिप्त नहीं होता। यह सर्वथा निर्लिप्त रहती है। यह संसार उसी की अभिव्यक्ति है, यह उसका शक्ति-प्रदर्शन है।

१०. आत्मा का न कोई वर्ण है, न आश्रम है, न कोई जाति है। आत्मा न कर्ता है, न भोक्ता, न भोग्य विषय है। इन तीनों से परे असंग निराकार और विश्व का साक्षी मात्र है, केवल द्रष्टा है।

११. आत्मा साक्षी मात्र द्रष्टा है—अज्ञानी मनुष्य को भ्रमवश ऐसा लगता है कि आत्मा ही सबकुछ कर रही है। परमात्मा ही सबकुछ कर रहा है, पर वास्तव में आत्मा केवल साक्षी मात्र है, द्रष्टा है।

इस प्रकार आत्मा के स्वरूप को जानना आत्मज्ञान है।

बहुधा यह देखा जाता है कि मनुष्य आत्मज्ञान प्राप्त करने का प्रयास तो करता है, पर असफल रहता है। इन कारणों पर चर्चा करते हुए श्री अष्टावक्र कहते हैं—

आत्मज्ञान प्राप्त न हो पाने के कारण

मुख्य रूप से उन्होंने इसके तीन कारण बताए हैं—

१. स्वयं का मुमुक्षु न होना,

२. स्वयं में पात्रता का अभाव होना,

३. सद्‌गुरु का अभाव होना।

उपर्युक्त कारणों को थोड़ा विस्तार से समझ लेना जरूरी है—

१. स्वयं का मुमुक्षा न होना—ज्ञान-प्राप्ति के लिए साधक में इच्छा का होना, पूर्ण रूप से लालायित होना तथा दृढ़ संकल्प का होना बहुत जरूरी है। इनके अभाव में सब साधन होते हुए भी मनुष्य ज्ञान प्राप्त करने

के लिए प्रयत्न ही नहीं करेगा। वह टालता रहेगा—कल शुरू करेंगे, परसों शुरू करेंगे, अभी शुभ मुहूर्त नहीं है। इस प्रकार वह आलस्य-प्रमाद में समय नष्ट करता रहेगा और अंत में खाली हाथ ही रह जाएगा।

अतः ज्ञान-प्राप्ति के लिए अपने में मुमुक्षा उत्पन्न करना जरूरी है। तभी वह आत्मज्ञान की प्राप्ति के लिए हताश हुए बिना सतत प्रयत्न कर सफलता प्राप्त कर सकेगा।

२. स्वयं में पात्रता का अभाव होना—अधिकतर मनुष्यों ने भगवान् से विमुख होकर अपने शरीर से, संसार से अपना घनिष्ठ संबंध बना रखा है। इस कारण उसने माया, मोह, राग, द्वेष, ईर्ष्या आदि कषाय कल्मषों से अपने को भर रखा है। उसके मन में, हृदय में ज्ञान के लिए कोई जगह ही नहीं बची है। इस प्रकार जब कोई पात्र पहले से ही बेकार की वस्तुओं से पूरा भरा है तो उसमें अन्य कोई काम की वस्तु कैसे रखी जा सकती है! उसके लिए पहले पात्र को खाली करना पड़ेगा, साफ़ करना पड़ेगा, तभी उसमें उपयोगी वस्तु रखी जा सकेगी।

अतः मनुष्य को पहले अपने को खाली करना पड़ेगा, संसार से अपने जोड़े हुए संबंध को तोड़ना पड़ेगा, तभी उसमें पात्रता विकसित होगी और वह ज्ञान-प्राप्ति का अधिकारी बन सकेगा। अतः पात्रता के लिए मुमुक्षा, प्रखर प्रज्ञा, श्रद्धा, समर्पण, नम्रता आदि गुण आवश्यक हैं।

३. सद्‌गुरु का अभाव होना—किसी भी क्षेत्र में गुरु की अनिवार्यता को नकारा नहीं जा सकता, फिर आत्मज्ञान-प्राप्ति के लिए तो सद्‌गुरु की आवश्यकता और भी अधिक है। परदा हमारी आँखों पर पड़ा है, आत्मा पर नहीं। वह तो निर्वस्त्र है, प्रत्यक्ष सामने है, देखने की क्षमता मात्र चाहिए। सद्‌गुरु दृष्टि या बोध देकर उसे अनावृत करता है। सद्‌गुरु वही है जिसने कुछ पा लिया है; क्योंकि वह ही कुछ दे सकता है जिसके पास कुछ है। जिसके पास कुछ है ही नहीं, वह कुछ भी नहीं दे सकता, प्रत्युत वह तो भटका और देगा।

अतः ज्ञान-प्राप्ति के लिए सद्‌गुरु की खोज करनी होगी। वैसे कहा तो यह गया है कि जब शिष्य ज्ञान-प्राप्ति के मार्ग पर दृढ़ संकल्प के साथ

चल देता है तो ईश्वर स्वयं गुरु के रूप में मार्गदर्शन देने के लिए शिष्य के समक्ष प्रकट हो जाते हैं, पर इसके लिए शिष्य को ज्ञान-प्राप्ति के लिए अपने में विकलता, छटपटाहट जाग्रत् करनी होगी।

उपर्युक्त तीनों जब मिल जाते हैं तो त्रिवेणी का संगम हो जाता है, तब एक विस्फोट होता है, घटना घटित हो जाती है और चेतना अर्थात् जागरूकता प्रकट हो जाती है।

मुक्ति प्रकरण

श्री अष्टावक्र राजा जनक को 'हे प्रिय' कहकर संबोधित करते हुए कहते हैं—''यदि तू मुक्ति चाहता है तो विषयों को विष के समान त्याग दे और क्षमा, आर्जव (सरलता), दया, संतोष एवं सत्य का अमृत के समान सेवन कर।''

उपर्युक्त आदेश में श्री अष्टावक्र राजा जनक से क्षमा, आर्जव, दया, संतोष और सत्य को अपनाने को कहते हैं तथा विषयों को छोड़ने का आग्रह करते हैं। इन सबका क्या तात्पर्य है, यह समझ लेने से साधक को इन्हें अपनाने में सरलता होगी।

क्षमा—अकारण अपराध करनेवाले को दंड देने का सामर्थ्य होते हुए भी उसके अपराध को सहन कर लेना क्षमा है।

आर्जव—सरलता, सीधेपन को आर्जव कहते हैं। साधक में सीधा-सरल भाव होना चाहिए, भले ही लोग उसे मूर्ख व नासमझ समझें। अपने उद्धार के लिए सरलता बड़े काम की चीज है।

दया—दूसरों को दुःखी देखकर उनका दुःख दूर करने की भावना को दया कहते हैं। अपने सुख और स्वार्थ की पूर्ति के लिए दूसरों के प्रति दया का बरताव करना लोकैषणा के लिए पाखंड एवं दिखावा मात्र है।

संतोष—अपने प्रारब्ध के अनुसार जो कुछ भी कम या ज्यादा मिल जाए, उसमें ही तृप्ति अनुभव करना संतोष है।

सत्य—अपने स्वार्थ और अभिमान का त्याग करके केवल दूसरों के हित के भाव से जैसा सुना, देखा, पढ़ा, समझा एवं जैसा निश्चय किया

उससे न तो अधिक और न ही कम–अर्थात् वैसे का वैसा ही प्रिय शब्दों में कह देना सत्य है।

उपर्युक्त सद्‌गुणों को अपने आचरण एवं व्यवहार में उतार लेना अमृत का सेवन करने के समान है। श्री अष्टावक्र के अनुसार, ये गुण तभी अमृत के समान होंगे जब अपने पात्र अर्थात् अपने में भरे विषय रूपी विष का पूर्णरूपेण त्याग कर दें।

विषयों को विष के समान त्याग करने का तात्पर्य–इंद्रियों द्वारा भोगे जानेवाले विषय केवल शरीर और मन को ही तुष्ट कर सकते हैं, आत्मा को नहीं। विषयों में आसक्ति रखने से मनुष्य आत्मज्ञान से वंचित रहता है, इसीलिए श्री अष्टावक्र ने विषयों का विष के समान त्याग करने का आग्रह किया है।

जिस प्रकार विष का सेवन करने से केवल मृत्यु ही प्राप्त होती है, उसी प्रकार विषयों में आसक्ति रखने से मनुष्य का पतन ही होता है। वह इस सुर-दुर्लभ मनुष्य शरीर को सार्थक नहीं कर सकता–अर्थात् अपना उद्धार नहीं कर सकता। विषयों के प्रति आसक्ति ही मनुष्य के बार-बार जन्म-मृत्यु का कारण बनती है।

भोगों में आसक्ति होने से ही लोभ, मोह, क्रोध, ईर्ष्या, द्वेष, घृणा, दुःख, चिंता आदि अनेक विकार आ जाते हैं।

विषयों को छोड़ने का अर्थ है–उनके प्रति आसक्ति का त्याग। वास्तव में ये विषय बंधन नहीं हैं बल्कि उनके प्रति जो आसक्ति है, वही बंधन है। यही मनुष्य को आत्मज्ञान से वंचित रखते हैं। अतः अनित्य के भोगों को छोड़कर नित्य-शाश्वत का ही सेवन करना हितकर है। इससे ही अमृत-तत्त्व की प्राप्ति संभव है।

श्री अष्टावक्र राजा जनक को आत्म-बोध के विषय में ज्ञान देने के उपरांत उनके दूसरे प्रश्न 'मुक्ति कैसे प्राप्त होती है' को शांत करने हेतु कहते हैं, "यदि तू देह को अपने से अलग कर और चैतन्य में विश्राम करने में समर्थ है तो अभी सुखी, शांत और बंधन-मुक्त हो जाएगा।"

मुक्ति का तात्पर्य क्या है–"अपने शुद्ध स्वरूप आत्मा को जान लेना

और उसी में निरंतर स्थित रहना ही मुक्ति है।''

मुक्ति-प्राप्ति हेतु क्या करना होगा? अष्टावक्रजी कहते हैं कि केवल यह निश्चय हो जाना कि मैं शुद्ध चैतन्य आत्मा हूँ, साक्षी हूँ, यह शरीरादि मैं नहीं हूँ, मुक्ति के लिए पर्याप्त नहीं है। इस आत्मज्ञान के बाद शरीर आदि से अपना तादात्म्य समाप्त करना होगा।

अपनी देह से आसक्ति छोड़कर, उससे तादात्म्य तोड़कर पूर्णरूपेण चैतन्य आत्मा में विश्राम कर स्थित होने से मनुष्य सुखी, शांत और बंधन-मुक्त हो सकता है।

अष्टावक्रजी कहते हैं कि मुक्ति का कोई स्थान विशेष नहीं है और न ही इसको प्राप्त करने के लिए कष्ट-साध्य क्रियाएँ ही करनी पड़ती हैं। केवल प्रत्यक्ष दर्शन से अपनी वास्तविक स्थिति को जान लेना है। इसी से अज्ञान की समस्त ग्रंथियाँ खुल जाती हैं, समस्त भ्रांतियाँ मिट जाती हैं। 'शिव गीता' में अज्ञान-रूपी हृद्-ग्रंथि के नाश को ही मोक्ष कहा गया है।

अष्टावक्रजी का यह स्पष्ट मत है कि आत्मा का कोई बंधन है ही नहीं। वह कर्ता न होकर द्रष्टा है और द्रष्टा कभी कर्म-बंधन में बँधता ही नहीं। सभी भोग कर्म—अहंकार, लोभ आदि शरीर एवं मन के धर्म हैं, आत्मा के नहीं। जो अपने को आत्मा मानकर शरीर आदि से संबंध-विच्छेद कर लेता है, वह मुक्त ही है।

श्री अष्टावक्र कहते हैं कि सृष्टि चैतन्य की अभिव्यक्ति मात्र है। सृष्टि अनित्य है। यह चैतन्य शाश्वत व नित्य है। यही मूल तत्त्व है। सृष्टि इसी के सृजन का परिणाम है। इस प्रकार चैतन्य का बोध हो जाना ही मुक्ति है।

जो चैतन्य आत्मा में विश्राम कर ठहर गया है, वही मुक्त है।

मन, अहंकार, शरीर, चैतन्य, आत्मा की व्याख्या—श्री अष्टावक्र ने तीन सूत्रों में ही राजा जनक के तीनों प्रश्नों—ज्ञान, मुक्ति एवं वैराग्य—का स्पष्टीकरण देकर मुक्ति की विधि बता दी।

अब वे मन, अहंकार, शरीर, चैतन्य, आत्मा की थोड़ी और गूढ़ व्याख्या कर रहे हैं, जिससे इन तथ्यों को राजा जनक अच्छी तरह आत्मसात् कर लें।

आत्मा

अष्टावक्रजी आत्मा के स्वरूप आदि के बारे में पहले काफी कुछ समझा चुके हैं, पर उसे और पुष्ट करने के लिए राजा जनक से कहते हैं–''इस आत्मा का कोई वर्ण अर्थात् ब्राह्मण, क्षत्रिय, वैश्य, शूद्र नहीं है; न यह हिंदू है, न ही मुसलिम, न ही सिख, न ही इसाई। अत: इसकी कोई जाति भी नहीं है। किसी आश्रम अर्थात् ब्रह्मचर्य, गृहस्थ, वानप्रस्थ एवं संन्यास से भी कोई संबंध नहीं है। आत्मा न तो कर्ता है, न भोक्ता और न ही भोग विषय है। यह तो चैतन्य ऊर्जा मात्र है, जो समस्त प्रकार के जीवों में समान रूप से व्याप्त है। यह केवल द्रष्टा है। इस आत्मज्ञान के प्रकाश से अज्ञान रूपी अंधकार एवं समस्त भ्रांतियों को नष्ट करके अपने को चैतन्य में स्थिर करके मुक्ति रूपी सुख का सेवन कर।''

मन

राजा जनक को अष्टावक्र मन के बारे में समझाते हुए कहते हैं–''धर्म-अधर्म, सुख एवं दु:ख आदि जो कुछ हैं, केवल मन की अनुभूति मात्र हैं। आत्मा का इनसे लेशमात्र भी संबंध नहीं, जैसा कि पहले बताए गए आत्मा के स्वरूप से स्पष्ट है। जीव अपने को कर्ता, भोक्ता मान लेने के कारण ही सुख-दु:ख का अनुभव करता है। अपने को आत्मा से भिन्न मानने के कारण ही सब क्लेश मन को व्यापते हैं। मन के विकारों को मिटाते ही जीव कर्तापन एवं भोक्तापन के अहंकार से मुक्त हो जाएगा।

अष्टावक्रजी अद्वैतवादी हैं, अत: उन्होंने बड़ी निर्भीकता से यह घोषणा की है कि चैतन्य आत्मा ही ब्रह्म है। इससे भिन्न कोई ईश्वर नहीं है। यह आत्मा ही परमात्मा है और यही द्रष्टा है।

अहंकार

अष्टावक्रजी अहंकार का स्वरूप बताते हुए कहते हैं कि यह काले सर्प के समान है।

जब काला सर्प किसी जीव को दंशित कर देता है तो उसकी चेतना

लुप्त हो जाती है, प्रायः उसकी मृत्यु भी हो जाती है। उसी प्रकार अहंकार से ग्रसित मनुष्य अपने को आत्मा से भिन्न मानने लगता है, फलस्वरूप वह दुःख के सागर में डूबने-उतराने लगता है।

शैतान के समान है—यह 'मैं पन' को मनुष्य में उत्पन्न करके उसको परमात्मा से अलग कर देता है। उसका परिणाम तो सर्वविदित है।

पाप का मूल है—अहंकार से उत्पन्न 'मैं' की तुष्टि के लिए मनुष्य वर्जित कर्मों को करने में तनिक भी नहीं हिचकिचाता तथा पाप की ही संपदा—अर्थात् आसुरी संपदा एकत्र करता है और अपने मुख्य उद्देश्य—मोक्ष—से विमुख हो जाता है।

भिखमंगा के समान है—अहंकार अनंत भिखमंगा है। इसे चाहे जितना भरो, यह खाली ही रहता है—अर्थात् इसको कभी तृप्ति नहीं होती।

असाध्य रोग है—अहंकार रोग के समान मनुष्य को खोखला करता है। सुख-शांति उससे कोसों दूर भाग जाती है।

यह हमेशा चाहता है—यह चाह ही दुःख का कारण है। मनुष्य जितना चाहता है उतना ही दुःख पाता है।

समर्पित नहीं हो सकता—मनुष्य अध्यात्म से गिर जाता है। उसका नैतिक पतन हो जाता है। फिर उसके लिए मोक्ष पाना असंभव हो जाता है। नरक के द्वार उसके लिए स्वतः ही खुल जाते हैं।

अहंकार को मिटाने के उपाय

अष्टावक्रजी उपाय बताते हुए कहते हैं कि यदि मनुष्य 'मैं' से मुक्त हो जाए—अर्थात् मैं कर्ता नहीं हूँ, यह सृष्टि अपने विशिष्ट नियमों से चल रही है, परमात्मा ही एकमात्र कर्ता है, तो ऐसा विश्वासपूर्वक मान लेना ही अहंकार से मुक्ति के लिए पर्याप्त है।

मैं एक विशुद्ध बोध हूँ

ज्ञान-शिरोमणि अष्टावक्रजी इस सूत्र में उपर्युक्त बोध की अनिवार्यता बताते हुए कहते हैं कि अहंकार मात्र छोड़ देने से, कर्तापन छोड़ देने से यह

आवश्यक नहीं है कि परम तत्त्व मिल ही जाए, क्योंकि छूटने की भ्रांति हो सकती है। वे एक उपमा से इस तथ्य की पुष्टि करने के लिए कहते हैं कि अंधकार नहीं है, केवल यह मान लेने से अंधकार विलुप्त नहीं हो सकता, वह तो दीप जलाने से ही दूर होगा। अतः आत्मज्ञान के लिए मनुष्य को यह निश्चयपूर्वक मानना होगा कि मैं विशुद्ध बोधस्वरूप आत्मा हूँ, तब उसका अज्ञान रूपी अंधकार चाहे जितना घना हो, दूर हो जाएगा। अज्ञान ज्ञान का अभाव ही है।

इस प्रकार ज्ञानोदय होने से मनुष्य शोक-रहित होकर सुखी हो सकता है। अज्ञान के कारण मनुष्य की अनेक अपेक्षाएँ होती हैं और उनके पूरी न होने पर उसको दुःख होता है। अतः जो मिला है, वह अमूल्य है। उसी में संतोष करके जीना, कृतज्ञ भाव से जीना ही परम सुख है।

आत्मा एवं सृष्टि का संबंध

अष्टावक्रजी का यह सूत्र भी बड़ा अर्थपूर्ण है। इसमें वे आत्मा एवं सृष्टि के संबंध पर प्रकाश डालते हुए कहते हैं कि आत्मा अरूप है, निराकार है। उसी निराकार का साकार रूप यह सृष्टि है। परमात्मा का प्रथम अवतार यह संसार है। आकार बनता-बिगड़ता रहता है, किंतु मूल तत्त्व वही रहता है। वे कहते हैं कि संसार परिवर्तनशील है, अनित्य है। अध्यात्म में इसी अनित्य को भ्रम कहा है। जो आज है, वह कल नहीं रहेगा। शाश्वत केवल वही चैतन्य आत्म-तत्त्व है। संसार के विषय में अष्टावक्रजी कहते हैं कि मनुष्य के मन में जैसे भाव होते हैं उसे संसार वैसा ही दिखाई देता है; किंतु संसार उससे भिन्न होता है।

कुछ लोग कहते हैं कि ईश्वर की यह सृष्टि बहुत सुंदर है; पर कुछ को इसमें दुःख-ही-दुःख दिखाई देता है। यह मनुष्य की दृष्टि है। दोष सृष्टि का नहीं, देखनेवाले की दृष्टि का है।

पूर्ण सत्य उसी को कह सकते हैं जो शाश्वत है। जो शाश्वत नहीं है, वह सत्य नहीं हो सकता।

अष्टावक्रजी उन सब विवादों के समाधान में कहते हैं कि यह विश्व

रस्सी में सर्प की भाँति कल्पित भासता है, पर इसका अर्थ यह नहीं है कि संसार नहीं है या कल्पना मात्र है, बल्कि इसका अर्थ है संसार तो है, सृष्टि है; ये वन, पर्वत और नदियाँ आदि सभी हैं; किंतु इनसे सुख की आशा करना मृग-मरीचिका के समान है, जो कभी मिल नहीं सकता।

वास्तविकता यह है कि मनुष्य की जितनी सुविधाएँ बढ़ी हैं उतना ही वह अधिक दुःखी हुआ है, उसका नैतिक पतन हुआ है। जितना ज्ञान बढ़ा उतना ही अज्ञान भी बढ़ गया। जितने साधु-संत, मंदिर-मसजिद-गुरुद्वारे बढ़े हैं उतना अधर्म भी बढ़ गया है। क्या कारण है इसका? किसी के पास इसका उत्तर नहीं है। केवल अध्यात्म ही इसका उत्तर और समाधान दे सकता है। वह यह है कि इस सृष्टि में, इस संसार में, उन भोगों में सुख ढूँढ़ना मूर्खता है; क्योंकि बाह्य वस्तुओं में सुख है ही नहीं। वह सुख का सागर, वह आनंद का सागर तो मनुष्य के अंदर ही है। अज्ञान को दूर करके उस शाश्वत सुख को पाने से ही मनुष्य धन्य हो सकता है।

रस्सी को साँप समझकर आज हर मनुष्य उसके डर से भागा जा रहा है। अज्ञान से उत्पन्न हुई भ्रांति के वास्तविक स्वरूप को प्रज्ञा-चक्षुओं से देखकर ही दूर किया जा सकता है।

अष्टावक्रजी राजा जनक को बताते हैं कि यह संसार सत् है या असत्, अच्छा है या बुरा, रस्सी है या सर्प—इससे कोई प्रयोजन ही नहीं है। केवल यह निश्चय कर लेना है कि मैं संसार नहीं हूँ, संसारी नहीं हूँ, मैं तो आत्मा हूँ। यह आत्मा ही परमानंद का आनंद है, फिर भय-दुःख व्याप्त ही नहीं हो सकता। तू ज्ञान ही नहीं, स्वयं ज्ञान है, बोध है। इस आत्मज्ञान से सारे संशय मिट जाएँगे, भ्रम दूर हो जाएगा। संसार के प्रति जो दृष्टि है, वह बदल जाएगी। ज्ञान होने पर इस काल्पनिक भय का अंत हो जाएगा।

जैसी मति वैसी गति

अष्टावक्रजी कहते हैं कि जैसी मति होती है वैसी ही मनुष्य की गति होती है। यह अध्यात्म का सूत्र है। वे एक सूत्र और बताते हैं कि 'अंत मति सो गति' अर्थात् मृत्यु के समय जैसी मति होती है मनुष्य की वैसी ही गति

होती है।

'गीता' में भी भगवान् श्रीकृष्ण ने कहा है कि अनासक्त पुरुष कर्म करता हुआ परम पद को प्राप्त होता है। 'गीता' में यह भी कहा है कि 'योग: कर्मसु कौशलम्'–अर्थात् योग ही कर्म में कुशलता है। जो योग में स्थित होकर अर्थात् स्थितप्रज्ञ होकर कर्म करता है, वह भी मुक्ति का अधिकारी है।

भगवान् श्रीकृष्ण के श्रीमुख से नि:सृत उपर्युक्त सूत्रों से सिद्ध होता है कि कर्म बंधन नहीं है प्रत्युत उसके प्रति जो आसक्ति है, राग है, वही बंधन है। पर बंधन के भय से कर्म छोड़ देना पाप है। अत: पाप-पुण्य कर्म में नहीं, आसक्ति में हैं। आसक्ति, राग, द्वेष, ईर्ष्या, बदला लेने की भावना से युक्त जो कर्म किए जाते हैं, वे ही बंधन बनते हैं।

कर्म का कारण शरीर नहीं, मन है। पहले विचार आते हैं, उन्हीं के अनुसार कर्म होते हैं। मृत्यु के बाद शरीर तो छूट जाता है, पर मन अपने साथ विचार, वासना, आकांक्षा, इच्छा, अपेक्षा आदि लेकर जाता है।

उपनिषद् के अनुसार भी मन ही बंधन है और मुक्ति का कारण भी। मन में जैसी भावना होती है वैसी ही मनुष्य की गति होती है। पाप-पुण्य का फल न कर्म में होता है और न उसके फल में, प्रत्युत कर्ता की भावना में होता है।

इसी तथ्य को अष्टावक्रजी और स्पष्ट रूप से समझाते हुए कहते हैं कि मैं मुक्त हूँ, ऐसा जो मानता है वह मुक्त है और अपने को जो बद्ध मानता है वह बद्ध है। केवल दृढ़ निश्चय के साथ मान लेना पर्याप्त है। मुक्ति कृत्य का परिणाम नहीं है, ज्ञान का फल है। आत्मज्ञानी भी यदि अपने को बद्ध मानता है तो वह भी मुक्त नहीं है, वासनाग्रस्त है। आत्मज्ञान के बाद भी उसमें मुक्ति की भावना आवश्यक है।

सभी कर्म-बंधन अज्ञानी के लिए हैं। वह यदि यह मान भी ले कि मैं मुक्त हूँ तो भी मुक्त नहीं हो सकता।

अष्टावक्रजी का यह सूत्र आत्मज्ञानी के लिए ही सत्य है, अज्ञानी के लिए नहीं।

सृष्टि की व्याख्या

श्री अष्टावक्र ने 'कूटस्थ', 'बोध-स्वरूप' एवं 'अद्वैत'–इन तीन शब्दों में समस्त सृष्टि की व्याख्या कर दी है।

वे राजा जनक को बताते हैं कि अहंकार सत्य नहीं होता, यह आभा-स्वरूप है। इसी अहंकार के कारण मनुष्य अपने को जीव समझता है और आत्मा से भिन्न मानता है तथा इस उलझन में रहता है कि आत्मा अर्थात् परमात्मा बाहर आसमान में है या भीतर। यह बाहर-भीतर का भेद केवल मन का है। आत्मा तो सर्वत्र है, बाहर भी है, भीतर भी। मनुष्य को केवल कूटस्थ (स्थिर या अचल) बोध-स्वरूप, अद्वैत आत्मा का विचार करना चाहिए।

अष्टावक्रजी ने जो बाहर-भीतर की बात कही है, वह समझने की है।

मनुष्य के बाहर एक जगत् है, यह संपूर्ण सृष्टि है, जिसे कर्म-जगत् कहते हैं। मनुष्य का एक व्यक्तित्व बहिर्मुखी भी है। वह हमेशा बाहर की ओर इस संसार को देखता है। वह स्वयं के भीतर नहीं जा सकता। ऐसा व्यक्ति कर्मयोग के द्वारा आत्मा को उपलब्ध हो सकता है।

कर्मयोग का अर्थ है–आसक्ति का त्याग करके निष्काम भाव से सब काम ईश्वर का समझकर करना। यह है बाहर का भाव।

मनुष्य के भीतर तीन जगत् और हैं–

१. विचारों का जगत्,

२. इसके भीतर है भाव जगत्,

३. आत्म जगत् अथवा साक्षी जगत्।

बुद्धिजीवी विचार में जीता है। उसके तार्किक होने के कारण उसे चिंतन और विचार के साथ ध्यान द्वारा आत्मज्ञान कराया जा सकता है। इसे ज्ञान मार्ग कहते हैं तथा उसे ज्ञानयोगी।

दूसरा जगत् भाव जगत् है। यह भक्ति और प्रेम का जगत् होता है। जिस व्यक्ति में भावुकता अधिक है, उसके लिए भक्ति मार्ग उपयुक्त है।

तीसरा जगत् है आत्म जगत् या साक्षी जगत्। यह केंद्र में है। सारा सृष्टि

चक्र इसी धुरी पर घूम रहा है। यह लक्ष्य है। ज्ञान, कर्म व भक्ति मार्ग है। इन तीनों के साथ ध्यान को जोड़कर इसी लक्ष्य को प्राप्त किया जाता है।

अष्टावक्रजी का मार्ग अनूठा है। वे कोई मार्ग, कोई विधि ही नहीं देते—न कर्म, न ज्ञान, न भक्ति; वे सीधे साक्षी की बात कहते हैं। इस साक्षी भाव में सीधे जाने से समस्त भ्रम मिट जाते हैं। यह देह, मन, बुद्धि, अहंकार, संसार सब भ्रमवत् प्रतीत होने लगते हैं। इनके प्रति जो विचार हैं वे मिट जाते हैं, धारणाएँ टूट जाती हैं।

अहंकार को मिटाने के लिए भिक्षान्न खाना, अपने को तुच्छ समझना, दूसरों के चरणों में झुकना आदि विधियाँ काम में लाई जाती हैं; किंतु अष्टावक्रजी किसी विधि का उपयोग करने की बजाय सीधे उस परम-शक्ति का बोध कराते हैं, जिससे अहंकार स्वत: ही मिट जाता है। समस्त भ्रम मिट जाते हैं।

धर्म की व्याख्या करते हुए अष्टावक्रजी कहते हैं कि धर्म कोई परंपरा नहीं है, वह शाश्वत है, सनातन है। अस्तित्व ही धर्म है, मनुष्य की पूर्ण क्रांति, महाक्रांति। इससे मनुष्य का पूर्णरूपेण परिवर्तन हो जाता है। वह सत्य को उपलब्ध नहीं होता प्रत्युत स्वयं ही सत्य हो जाता है, ज्ञान हो जाता है, फिर पुरानी परंपराओं का अनुसरण करने की बजाय नई परंपराएँ बनाता है, पर परंपरावाले जगत् में उसे पसंद नहीं किया जाता।

इस सूत्र में अष्टावक्रजी ने आत्मा को कूटस्थ अर्थात् स्थिर या अचल कहा है। आत्मा केंद्र है, धुरी है, वह चलती नहीं है। संसार परिधि है। परिधि ही चलती है। धुरी के स्थिर रहने से संसार को गति मिलती है।

अष्टावक्रजी का कहना है कि जितना राग, द्वेष, ईर्ष्या, लोभ, मोह, अहंकार अधिक होगा, अज्ञानी की गति उतनी ही तीव्र हो जाती है; पर ज्ञान की ओर यात्रा करनेवाले की गति कम हो जाती है, क्योंकि वह सबको छोड़ता जाता है।

भौतिक विकास का सूत्र है—गति। क्रियाशीलता पर अध्यात्म का सूत्र है—विश्राम, शांति।

इस जड़ शरीर में जो गति है, वह चेतन की है। यह केंद्र शक्ति ही नहीं, ज्ञान भी है। ज्ञानविहीन शक्ति पैशाचिक वृत्ति है एवं ज्ञानयुक्त दैवी।

शक्ति दोनों के ही पास है, किंतु भेद ज्ञान के कारण है।

अष्टावक्रजी यही कह रहे हैं कि आत्मा कूटस्थ अर्थात् स्थिर है, जिसकी शक्ति से यह समस्त सृष्टि चल रही है। आत्मा बोध-स्वरूप भी है। अतः शक्ति व बोध भिन्न नहीं हैं, उसी आत्मा के हैं।

देहाभिमान से छूटने के उपाय

अष्टावक्रजी कहते हैं कि एक ही चैतन्य अनेक रूपों में अभिव्यक्त हुआ है। शरीरस्थ आत्मा भी वही चैतन्य है। यह शरीर उसी का फैलाव मात्र है, जो यद्यपि भौतिक पदार्थों से, पंच तत्त्व से बना प्रतीत होता है, किंतु इन पंच तत्त्वों का निर्माण भी उसी चैतन्य से हुआ है।

शरीर दृश्य आत्मा है एवं आत्मा अदृश्य शरीर। दोनों भिन्न नहीं हैं, पर भ्रांतिवश मनुष्य अपने को केवल शरीर मात्र मानता है, आत्मा नहीं। इस एकत्व भाव की विस्मृति से ही मनुष्य देहाभिमान के पाश में बँध गया है।

इस बंधन से मुक्त होने का एकमात्र उपाय बोध है, क्योंकि यह बंधन वास्तविक नहीं है। यह देह मेरी है, यह आत्मा से भिन्न है, ऐसी धारणा भ्रम है, कल्पना मात्र है। अतः इस भ्रम को 'मैं शरीर नहीं, बोध मात्र हूँ' इस ज्ञान रूपी तलवार से काटकर मनुष्य सुखी हो सकता है। भ्रम का निवारण विश्वास से ही होता है।

अष्टावक्रजी ज्ञान रूपी तलवार से ही इस अज्ञान रूपी देहाभिमान को नष्ट करने की युक्ति बताते हैं, क्योंकि अज्ञान का विनाश ज्ञान से ही होता है। ज्ञान का अभाव ही अज्ञान है। इसके लिए साधन काम नहीं आते।

प्राप्त वस्तु की प्राप्ति के लिए अनुष्ठान क्यों

अष्टावक्रजी इस सूत्र में बड़ी सारगर्भित बात कह रहे हैं कि मनुष्य आत्मा ही है, शरीर-मन आदि नहीं। आत्मा तो प्राप्त ही है, उसे कहीं खोजना भी नहीं है। आत्मा को उपलब्ध नहीं करना है, वह तो उपलब्ध ही है, फिर उसके लिए उपासना, योग, धारणा, ध्यान, समाधि आदि का अनुष्ठान करने का क्या औचित्य है? प्रयत्न करने की क्या आवश्यकता?

वे कहते हैं कि क्रिया शरीर से होती है और उपासना मन से। योग चित्त की चंचलता दूर करता है। इससे साध्य स्थिति बनती है, पर कुछ उपलब्धि नहीं होती। प्रयत्न से सांसारिक वस्तुएँ प्राप्त होती हैं। मनुष्य जो भी प्रयत्न करता है, वह बंधन ही है। प्रयत्न के पीछे मोक्ष-प्राप्ति की वासना जुड़ी होती है। यह वासना चाहे संसार की हो अथवा मोक्ष की, वह बंधन ही है। वासना के रहते मोक्ष संभव नहीं है।

यह अज्ञान तत्त्व-बोध से ही दूर हो सकता है। कोई भी क्रिया या भावना इससे मुक्त नहीं कर सकती। यह बंधन का ही कारण है। यह आत्मा सर्वत्र विद्यमान है। इसकी अप्राप्ति केवल भ्रम है, ज्ञान से ही भ्रांति की निवृत्ति होती है।

आत्मा का स्वरूप एवं संसार से संबंध

अष्टावक्रजी राजा जनक से कहते हैं कि तू स्वयं आत्मा है, स्वयं ब्रह्म है। यह संसार तेरी अभिव्यक्ति मात्र है, यह संसार तेरे से व्याप्त है। इसमें जो अनेकता दिखाई देती है, उसमें एकता का सूत्र भी है। अनेकता का अर्थ भिन्नता नहीं है, क्योंकि यह सृष्टि उस ब्रह्म से भिन्न नहीं है, उस परमात्मा से भिन्न नहीं है। यही चैतन्य ब्रह्म सृष्टि के विभिन्न अवयवों को माला की भाँति एकसूत्र में पिरोए हुए है।

अष्टावक्रजी कहते हैं कि चूँकि तू भी यही शुद्ध चैतन्य स्वरूप है, अत: तू अपने को शरीर आदि समझकर क्षुद्र चित्त को मत प्राप्त हो। अपने को शरीर मानना महा अज्ञान है, मूढ़ता है। ऐसे मूढ़ अपने को क्षुद्र चित्त और हीन अनुभव करते हैं। आत्मज्ञानी अपने को हीन नहीं समझता।

आत्म-स्वरूप के बोध को दृढ़ करने के उपाय

अष्टावक्रजी राजा जनक को आत्म-स्वरूप के बोध को दृढ़ करने हेतु कहते हैं कि तू आत्मा होने से निरपेक्ष है, क्योंकि आत्मा को कोई अपेक्षा नहीं होती। अपेक्षा तो शरीर और मन को होती है।

भूख और प्यास प्राण के, शोक और मोह मन के तथा जन्म और मरण

देह के धर्म हैं। आत्मा इन सबसे परे है। आत्मा केवल द्रष्टा है, अतः निर्विकार है।

आत्मा किसी पर निर्भर नहीं है। तू आत्म-स्वरूप होने से शांति और मुक्ति का स्थान है। तू अगाध होने से शांति और मुक्ति का स्थान है। तू अगाध बुद्धि रूप है। तेरे में बुद्धि का अनंत सागर भरा होने पर भी तू बुद्धिहीनों जैसी चेष्टा कर रहा है। तूने स्वयं को नहीं, प्रकृति को महत्त्व दिया है, जो तेरे क्षोभ का कारण है, अन्यथा आत्मा में क्षोभ कहाँ है!

अष्टावक्रजी समझाते हैं कि अपने से परे के पदार्थों की निष्ठा छोड़कर इस चैतन्य मात्र में निष्ठावान् हो, आत्मा में पूर्ण निष्ठा होने से ही उसका ज्ञान हो सकता है और अन्य कोई विधि कारगर नहीं होगी। जो सदा से तुम्हारे पास है, उसमें निष्ठा ही पर्याप्त है। वह सजगता एवं साक्षी भाव से ही दृश्य होगा।

पुनर्जन्म का कारण

अष्टावक्रजी पुनर्जन्म का कारण बताते हुए कहते हैं कि निराकार-साकार, स्थूल-सूक्ष्म, जड़-चेतन, यह सृष्टि और परमात्मा उसी परमात्म चैतन्य तत्त्व के रूप हैं, सूक्ष्म तत्त्व की अभिव्यक्ति मात्र हैं। यह साकार सृष्टि जैसी दिखाई देती है वैसी है नहीं। यह उस सूक्ष्म का प्रकट एवं परिवर्तित रूप है, इसलिए इसमें वास्तविकता नहीं है, मिथ्या है, क्योंकि इसका रूप-गुण बदलता रहता है। इसमें जो सुख-दुःख आदि का आभास होता है वह भी नित्य नहीं है, शाश्वत नहीं है। मन भी चूँकि निरंतर बदलता रहता है, अतः वह भी विश्वास योग्य नहीं है। यह शरीर भी कब पैदा होता है, कब मर जाता है, कब जवानी-बुढ़ापा आता है, अतः यह भी विश्वास योग्य नहीं है।

ऐसी सृष्टि, जिसमें कुछ भी निश्चित नहीं है, अतः उसे मिथ्या ही कहा जा सकता है; क्योंकि इस साकार जगत् की अपनी कोई स्वतंत्र सत्ता नहीं है। यह उस चैतन्य, निराकार, सूक्ष्म का ही परिवर्तित रूप है; परिवर्तन ही इसका स्वभाव है, अतः यह विश्वसनीय नहीं हो सकता। विश्वसनीय

तो केवल वह परमात्मा है, जो चैतन्य, निराकार एवं सूक्ष्म है और प्रत्येक पदार्थ में आत्मा-रूप में विद्यमान है, अतः वही निश्चल एवं नित्य है।

सृष्टि की उत्पत्ति का कारण कभी नष्ट नहीं होता। सृष्टि नष्ट हो भी जाए तो मूल तत्त्व के विद्यमान रहने से उसका पुनः सृजन हो जाएगा।

उस नित्य ब्रह्म में विश्वास करनेवाले की पुनः उत्पत्ति नहीं होती, क्योंकि उत्पत्ति एवं विनाश की साकार में जो आसक्ति थी, वह नष्ट हो गई।

अतः जो नित्य-शाश्वत ब्रह्म में विश्वास न करके केवल इस नश्वर-अनित्य संसार में ही विश्वास करके उसमें आसक्त रहते हैं, उन्हीं का पुनर्जन्म होता है।

आत्म-स्वरूप का और स्पष्टीकरण

अष्टावक्रजी कहते हैं कि परमात्मा एक स्थान पर बैठकर सारी सृष्टि का नियंत्रण नहीं करता प्रत्युत वह सर्वत्र व्याप्त है, कण-कण में व्याप्त है। मनुष्य शरीर में वह आत्म रूप में तथा सृष्टि में परमात्म रूप में वही चैतन्य परमात्मा व्याप्त है।

अष्टावक्रजी एक उदाहरण देते हुए उपर्युक्त तथ्य को और स्पष्ट करते हैं कि जिस प्रकार घट के बाहर एवं भीतर एक ही सर्वव्यापी आकाश स्थित है, उसी प्रकार सृष्टि के समस्त पदार्थों में वह नित्य एवं निरंतर ब्रह्म स्थित है। जिस प्रकार शरीर के भीतर एवं बाहर आकाश है एवं दोनों आकाश में कोई भेद नहीं है, उसी प्रकार भीतर एवं बाहर एक ही ब्रह्म व्याप्त है। शरीर में जो जीवन है, चेतना है, वह उसी आत्म-तत्त्व की है। इसके निकल जाने पर वह निर्जीव हो जाता है।

राजा जनक को दिए गए उपदेश का सारतत्त्व

आत्मा और परमात्मा एक ही तत्त्व है। उसे पाना नहीं है प्रत्युत वह तो प्राप्त ही है। केवल अज्ञान के कारण विस्मृत हो गया है। उसे ज्ञान द्वारा पुनः स्मृति में लाना है।

ध्यान, योग, उपासना आदि आंतरिक स्वच्छता के लिए हैं, शरीर में उस परम शक्ति को समा लेने की तैयारी मात्र हैं, पात्रता विकसित करने के लिए हैं।

यह तत्त्व ज्ञान-बुद्धि का विषय नहीं है। बुद्धि सीमित है, वह उस असीम को अपने में समा नहीं सकती।

इस तत्त्व ज्ञान का उपदेश सुनकर कोई अपने को परमात्मा मान ले तो यह उसका पाखंड मात्र होगा। इसके लिए वैराग्य अति आवश्यक है। स्वयं में मुमुक्षा एवं पात्रता विकसित करनी होगी, फिर सद्‌गुरु की शरण में जाना होगा।

मुक्ति-प्राप्ति के लिए विषयों को विष के समान छोड़ना होगा। अपने अंदर क्षमा, सरलता, दया, संतोष और सत्य को धारण करना होगा।

पात्रता के लिए आवश्यक है—अहंकार से मुक्ति, पूर्ण समर्पण, शरीर एवं मन के भावों से मुक्ति, शास्त्र व ज्ञान से मुक्ति, बाह्य उपादानों से अपने को मुक्त रखना।

अष्टावक्रजी का उपदेश इतना सारगर्भित है कि उसे सुनते-सुनते ही राजा जनक को आत्म-बोध हो गया, स्व-स्वरूप का ज्ञान हो गया।

□

दूसरा प्रकरण

(राजा जनक को आत्मज्ञान होना एवं इसका उनपर प्रभाव)

आत्मज्ञान होने का प्रभाव

जब मनुष्य को आत्मज्ञान हो जाता है तो उसके मोह, ममता, तृष्णा, आकांक्षा, अपेक्षा, अहंकार आदि भ्रम की तरह दूर हो जाते हैं। उसकी दृष्टि पूर्ण रूप से बदल जाती है। शरीर-मन-प्रकृति से संबंध छूट जाता है, वासना विलीन हो जाती है, आसक्ति मिट जाती है।

राजा जनक को बोध हो गया कि मैं आत्म रूप हूँ, अत: मैं निरंजन (निर्दोष) हूँ, आत्मा की भाँति शांत हूँ, स्वयं बोध हूँ, साक्षी हूँ, प्रकृति से परे हूँ।

मोह के कारण ही मनुष्य को वास्तविकता का ज्ञान नहीं हो पाता। पाप-पुण्य, कर्म आदि का मायाजाल, जो कि अहंकार के कारण होता है तथा जिसके कारण मनुष्य अपने को कर्ता समझता है, वह टूट जाता है।

यथार्थ का ज्ञान होने से ज्ञान रूपी अग्नि में सभी विकार भस्म हो जाते हैं।

आत्मज्ञान की अभिव्यक्ति करते हुए राजा जनक कहते हैं कि मैं शरीर नहीं हूँ, आत्मा हूँ, अत: मेरी यह देह मुझी से प्रकाशित है। यही आत्मा मैं हूँ, वही संपूर्ण जगत् की भी आत्मा है। यह संपूर्ण जगत् चैतन्य तत्त्व से प्रकाशित हो रहा है।

अहंकारवश, मोहवश जिसे मैं अपना कहता था, यह मेरा नहीं है। सबकुछ ईश्वर का है, आत्मा से पृथक् इस जगत् का कोई अस्तित्व नहीं है।

आत्मा और परमात्मा में अभिन्नता

राजा जनक को आत्मज्ञान होने से उन्हें आत्मा का स्पष्ट स्वरूप दिखाई देने लगा। उन्हें ज्ञान हो गया कि आत्मा और परमात्मा भिन्न नहीं हैं।

वे कहते हैं कि आसक्तिवश मैं शरीर को अपना समझता था। संसार को जिस दृष्टि से देखता था, वह सब छूट गया।

राजा जनक ने त्याग नहीं किया, घट गया। त्याग किया नहीं जाता। जहाँ त्याग करने का भाव होता है वहाँ अहंकार एवं कर्तापन उत्पन्न हो जाता है। वास्तव में त्याग बोध का प्रतिफल है। सत्य एवं शाश्वत का बोध होने पर असत्य एवं अनित्य छूट जाते हैं, छोड़ने का प्रयास नहीं करना पड़ता।

त्याग का अर्थ किसी वस्तु को छोड़ना नहीं प्रत्युत ऐसी दृष्टि उत्पन्न करना है, जिससे ज्ञात हो सके कि यह सब ईश्वर का है, मेरा कुछ नहीं।

'ईशावास्य उपनिषद्' कहता है कि जो कुछ सृष्टि में है वह ईश्वर का है, इसलिए उसका त्यागपूर्वक भोग करो।

आत्मस्वरूप का बोध हो जाने पर संसार-शरीर आदि के प्रति जो भी आसक्ति है, सब छूट जाती है।

समस्त आत्माओं में अभिन्नता

स्वयं की आत्मा का बोध होने पर यह भी बोध हो जाता है कि समस्त आत्माएँ भी भिन्न-भिन्न नहीं हैं। यह समस्त विश्व भी आत्मा से भिन्न नहीं है प्रत्युत आत्मा का ही फैलाव है, उसी की अभिव्यक्ति है, उसी का रूप है।

मन के स्तर तक ही भिन्नता का अनुभव होता है। आगे सब भिन्नताएँ समाप्त होकर एकत्व का बोध हो जाता है।

जनकजी कहते हैं कि ज्ञानी को यदि सब में एक ही परमात्मा न दिखाई दे तो समझ लो, उसे अभी ज्ञान हुआ ही नहीं, अज्ञान अभी शेष है।

आत्मा एवं विश्व में अभिन्नता

राजा जनक अपने आत्म-बोध की स्थिति में आत्मा एवं विश्व की

एकता के अनुभव को उदाहरण देकर स्पष्ट कर रहे हैं। वे कहते हैं कि वस्त्र दिखाई देता है, किंतु वह तंतुओं से निर्मित है। मूल तंतु ही है, क्योंकि बिना उसके वस्त्र नहीं बन सकता। उसी प्रकार आत्मा रूपी तंतु से ही यह विश्व बना है, फिर वह आत्मा से भिन्न कैसे हो सकता है!

वस्तुतः आत्मा ही वह मूल तत्त्व है, जो विश्व का आधार है। वैज्ञानिक इस मूल तत्त्व को विद्युत् कहते हैं। यह विद्युत् भी चैतन्य आत्मा की ही शक्ति है। मूल तत्त्व विद्युत् नहीं, चैतन्य आत्मा है एवं उसी का सारा फैलाव है।

राजा जनक इस संदर्भ में एक और उदाहरण देते हुए कहते हैं कि चीनी गन्ने के रस से बनती है। चीनी बन जाने के बाद रस दिखाई नहीं देता, पर चीनी का मूल तो गन्ने का रस ही है, वह उसमें व्याप्त है। मिठाइयों में भी उसी रस की मिठास व्याप्त है। इसी प्रकार संपूर्ण विश्व आत्मा से बना होने के कारण एक-दूसरे से भिन्न नहीं है। आत्मा संसार में व्याप्त है और संसार आत्मा में।

संसार-सृष्टि में भासित होनेवाली भिन्नता का कारण

राजा जनक कहते हैं कि यह संसार भी आत्मा अर्थात् ब्रह्म-स्वरूप ही है, क्योंकि यह उसी ब्रह्म से उत्पन्न हुआ है, फिर भी ब्रह्म से भिन्न भासता है। इसका कारण है आत्मा का ज्ञान न होना। जब तक आत्मा का ज्ञान नहीं होगा, यह संसार भिन्न प्रकार का प्रतीत होगा, अन्यथा यह संसार आत्म-स्वरूप ही है।

इस सूत्र की महत्त्वपूर्ण बात यह है कि जिसको आत्मज्ञान हो जाता है, उसका संसार स्वतः छूट जाता है। संसार छोड़ने से आत्मज्ञान नहीं होता।

राजा जनक का अनुभव है कि संसार, लोभ, मोह, क्रोध आदि छोड़ने का प्रयास करने की बजाय संसार को अनुभवजन्य बनाना चाहिए। संसार में रहकर उसका अनुभव प्राप्त कर लेने पर वह स्वतः ही छूट जाएगा, छोड़ना नहीं पड़ेगा।

संसार अनुभव प्राप्त करने की प्रयोगशाला है। इसमें रहकर अंतःकरण

की शुद्धि की जा सकती है, किंतु आत्मा को जानने की प्रक्रिया इससे भिन्न है।

आत्मा के अज्ञान के कारण ही संसार भासता है, उसके ज्ञान से नहीं। आत्मज्ञान के बाद भी संसार तो रहेगा ही, पर जैसा अज्ञानी को दिखाई देता है वैसा ज्ञानी को नहीं दिखाई देगा। ज्ञानी कहता है—करनेवाला परमात्मा है, तुम अपना कर्ता-भाव छोड़ दो, साक्षी बन जाओ, द्रष्टा बन जाओ। साक्षी का अर्थ अकर्मण्यता नहीं है, केवल कर्तापन से अपने को मुक्त करना है।

आत्मा के गुणों और स्व गुणों में अभिन्नता

राजा जनक आत्मज्ञान की अनुभूति के संदर्भ में कहते हैं कि मैं आत्म-स्वरूप हूँ, अतः आत्मा के समस्त गुण मेरे ही हैं। यह आत्मा स्वयं प्रकाश है। वस्तुओं में दिखाई देनेवाला प्रकाश भी उसी का है। यह समस्त संसार आत्मा के प्रकाश एवं उसी के तेज से प्रकाशित हो रहा है। यह चैतन्य तत्त्व का प्रकाश है, जो गुप्त रूप से सभी में विद्यमान है।

आत्मज्ञान हो जाने के फलस्वरूप उनका संसार के प्रति भ्रम दूर हो गया। वे अनुभव करने लगे कि मेरा वास्तविक स्वरूप यह चैतन्य आत्मा है, शरीर नहीं। इसी प्रकार संसार का भी वास्तविक स्वरूप आत्मा है, भौतिक पदार्थ नहीं।

अज्ञानवश वास्तविक जैसा दिखाई देनेवाला यह संसार सीपी के समान महत्त्वहीन है, किंतु चाँदी के समान मूल्यवान् दिखता है। सर्प के समान दिखाई देनेवाली रस्सी के समान निर्जीव है।

राजा जनक को अनुभव होने लगा कि यही आत्म-तत्त्व (ब्रह्म) वह मूल तत्त्व है, जिससे वह एवं सारा संसार उत्पन्न हुआ है।

संकल्प से चेतना में तरंग उठी। वही चेतना सृष्टि रूप में विकसित हो गई और चली ही जा रही है, किंतु प्रलय की स्थिति में यह पुनः उस ऊर्जा में परिवर्तित होकर अरूप, निराकार, अव्यक्त में लीन हो जाएगी।

राजा जनक आत्म-तत्त्व की विशेषता बताते हुए कहते हैं कि मैं आत्मा होने से नित्य हूँ, अतः ब्रह्म से लेकर तृणपर्यंत समस्त जगत् का नाश हो

जाने पर भी मेरा नाश नहीं है।

यह ब्रह्म पारमार्थिक सत्ता है, इसे किसी ने बनाया नहीं, प्रत्युत इसी से सब बने हैं। संपूर्ण जगत् बनने पर भी उसकी पूर्णता में कमी नहीं होती। जिसका निर्माण हुआ है उसका ध्वंस अवश्य होगा। यह सृष्टि का नियम है।

अद्वैत आत्मा के गुण

राजा जनक को आत्म-तत्त्व एवं उस ब्रह्म की पूर्ण अनुभूति से समग्र ज्ञान हो गया। वे आश्चर्यचकित होकर स्वयं को नमस्कार करते हुए कहते हैं कि यद्यपि मैं देहधारी हूँ, फिर भी अद्वैत का बोध हो गया है।

सामान्य तथा अज्ञानवश देहधारी स्वयं को परमात्मा से भिन्न मानते हैं और आत्मा को भी सभी देहों से भिन्न मानते हैं। अज्ञानी ही सुख-दुःख, राग-विराग, ममता, आसक्ति, जन्म-मृत्यु, पुनर्जन्म आदि को लेकर आत्मा को भिन्न-भिन्न मानते हैं। यह सब गुण शरीर एवं मन के हैं, पर अज्ञानवश आत्मा पर आरोपित कर दिए गए हैं।

आत्मा तो अद्वैत है, एक ही है, जो सब में समान रूप से व्याप्त है एवं सभी गुण-धर्मों से परे है।

राजा जनक अद्वैत आत्मा की बात स्पष्ट करते हुए कहते हैं कि यह न कहीं जाता है, न आता है, बल्कि संसार में व्याप्त होकर स्थित है, सर्वव्याप्त है।

राजा जनक कहते हैं कि इस आत्म-तत्त्व की बड़ी निपुणता है कि असंग होते हुए भी बिना किसी शरीर को स्पर्श किए इस विश्व को सदा-सदा से धारण किए है। अनंत शरीर इसी एक आत्म-तत्त्व द्वारा धारण किया हुआ है, इसलिए यह आत्मा व्यक्तिगत नहीं है प्रत्युत विश्वात्मा है। यह आत्मा का विशिष्ट गुण है।

राजा जनक आत्मा के बारे में कहते हैं कि मैं आत्मरूप हूँ, अतः मेरा कुछ भी नहीं है। आत्मा असंग है, कर्ता एवं भोक्ता से मुक्त है। वह केवल द्रष्टा है, साक्षी है, उसकी उपस्थिति में ही सब हो रहा है।

सभी सांसारिक भोग मन एवं इंद्रियों के विषय हैं, आत्मा के नहीं।

आत्मा इस भोगमय शरीर में रहते हुए भी निर्लिप्त है।

ज्ञान, ज्ञेय और ज्ञाता की वास्तविकता

ज्ञान, ज्ञेय और ज्ञाता का क्या तात्पर्य है, यह पहले समझना जरूरी है, तभी इनकी वास्तविकता समझ में आएगी।

ज्ञान–जो जाना जाता है, उसे ज्ञान कहते हैं।

ज्ञेय–जिसे जाना जाता है, वह ज्ञेय कहलाता है।

ज्ञाता–जो जाननेवाला है, उसे ज्ञाता कहते हैं।

किसी वस्तु के ज्ञान के लिए ये तीनों आवश्यक हैं, अन्यथा ज्ञान नहीं हो सकता।

कर्ता, कर्म, क्रिया एवं भोक्ता, भोग्य और भोग की त्रिपुटी है। इन तीनों में से यदि एक भी रहता है तो अन्य दो का होना आवश्यक है, जैसे–यदि भोक्ता है और भोग्य पदार्थ नहीं है तो वह भोग किसका करेगा।

ज्ञान, ज्ञाता और ज्ञेय–ये तीनों जब तक अज्ञात हैं, तभी तक प्रतीत होते हैं। ज्ञानी के लिए यह मिथ्या है। अज्ञानी को यदि ज्ञान चाहिए तो किसका ज्ञान करना है, अत: वह वस्तु भी होनी चाहिए, फिर ज्ञान प्राप्त करने की क्रिया भी करनी होगी।

राजा जनक को आत्मानुभूति में यही ज्ञात हुआ कि आत्मा स्वयं ज्ञानस्वरूप है, उसे अन्य किसी ज्ञान की अपेक्षा नहीं है। उसके लिए जानने योग्य कुछ नहीं है। उसके जानने से सब जाना हुआ हो जाता है। मैं स्वयं आत्मा हूँ, ज्ञानस्वरूप हूँ, अत: आत्मा के लिए ये तीनों यथार्थ नहीं हैं।

आत्मा चूँकि स्वयं ज्ञान है, वह दुनिया के सभी ज्ञानों का ज्ञान है। अत: वह स्वयं किसका ज्ञान करे। आत्मा का ज्ञान ही परम ज्ञान है। जो आत्मा को जान लेते हैं, वे अज्ञान से मुक्त हो जाते हैं।

द्वैत एवं अद्वैत की मान्यता का प्रभाव

राजा जनक को आत्मज्ञान होने पर उन्हें अद्वैत की अनुभूति हो गई। इस संदर्भ में संसार में दु:खों का कारण बताते हुए वे कहते हैं कि द्वैत

ही इसका मुख्य कारण है, क्योंकि द्वैत का कारण अहंकार है, जिसके वशीभूत होने के कारण वह अन्य प्राणियों से एवं परमात्मा तक से अपने को भिन्न समझता है। इस भिन्नता के भाव से ही उसमें लोभ, लालच, ईर्ष्या, द्वेष, घृणा, संघर्ष, हिंसा, संग्रह-वृत्ति, अपना-पराया, सुरक्षा आदि अनेक विकार उत्पन्न हो जाते हैं। इन सबके मूल में अहंकार है। इनके मिटने से अद्वैत का बोध होता है। इस प्रकार द्वैत भावना से प्रभावित मनुष्य दुःखी ही रहता है।

अद्वैत का प्रभाव बताते हुए राजा जनक कहते हैं कि अहंकार, जो क्षुद्र है, उसके मिटने से मनुष्य का उस परम अस्तित्व से संबंध हो जाएगा। जिस क्षण वह जान लेगा कि वह अखंड का हिस्सा है, वह इस अस्तित्व से भिन्न नहीं है, उस दिन उसे समग्रता का बोध हो जाएगा, उसका द्वैत भाव मिट जाएगा। फलस्वरूप उसके सारे दुःख विलीन हो जाएँगे।

परमात्मा को पाने का उपाय करना भी एक उपद्रव है, क्योंकि परमात्मा साधना से नहीं मिलता, वह तो मिला हुआ है ही, हमारे अंदर ही मौजूद है। अज्ञान के कारण प्रत्यक्ष नहीं हो रहा है, उसपर विकारों की धूल जम गई है। इसको हटाते ही अद्वैत की अनुभूति होगी, सृष्टि का सारा भ्रमजाल टूट जाएगा।

आत्मरूप सृष्टि की अखंडता

आत्मानुभूति के परिणामस्वरूप राजा जनक कहते हैं कि आत्मरूप सृष्टि अखंड है। इसे विभाजित नहीं किया जा सकता। इसे भिन्न-भिन्न पदार्थों में विभक्त करने से इसकी उपयोगिता ही नष्ट हो जाती है। समग्र का सौंदर्य ही नष्ट हो जाता है।

एक उपमा देते हुए राजा जनक कहते हैं कि शरीर एक है, पूर्ण है, सुंदर है। यदि इसके सभी अंगों को भिन्न-भिन्न मान लिया जाए एवं प्रत्येक का एक-दूसरे से संबंध-विच्छेद कर दिया जाए तो शरीर की क्या दशा होगी? ऐसी ही दशा इस संसार की है। जिस प्रकार शरीर के विभिन्न अंगों में एकत्व का बोध उसमें स्थित आत्मा से होता है, उसी प्रकार सृष्टि में

एकत्व का बोध करानेवाला परमात्मा या ब्रह्म ही है।

"यह शरीर एक ही चैतन्य तत्त्व से विकसित हुआ है। ऐसे ही यह सृष्टि विभिन्न अवयवों का जोड़ मात्र नहीं है प्रत्युत उसी एक परम तत्त्व ब्रह्म से विकसित हुई है, अतः इसमें एकत्व है।" राजा जनक कहते हैं कि मैं इस प्रकार नित्य विचार करता हुआ अब निर्विकल्प में स्थित हूँ। मैं एक हूँ। यह सृष्टि मुझसे भिन्न नहीं है।

बंधन एवं मोक्ष

राजा जनक को एकत्व का बोध हो गया कि संसार और परमात्मा भिन्न नहीं हैं। परमात्मा और आत्मा एक ही है। संसार उसी का फैलाव है।

जब बंधन होता है, तभी मुक्त होने का प्रयास किया जा सकता है। वस्तुतः अज्ञान की स्थिति में ही मनुष्य संसार को आत्मा से भिन्न समझता है, इसीलिए संसार से मुक्त होना चाहता है; पर उसे जब बोध हो जाता है कि वह आत्मा ही है, संसार है ही नहीं, तब बंधन-मुक्त होने का क्या प्रयास किया जाए?

राजा जनक अपने बारे में कहते हैं कि अज्ञान के कारण ही संसार दिखाई देता था, उसी प्रकार बंधन भी अज्ञान के कारण प्रतीत होता था। अज्ञानवश ही मैं अपने को देह, इंद्रियादि, ब्राह्मण, क्षत्रिय वर्ण व आश्रमवाला कर्ता, भोक्ता आदि समझता था। यही मेरा संसार था, यही बंध था; पर अब सारा भ्रम मिट गया है, अब संसार मुझमें है, मैं संसार में नहीं, अतः कोई बंधन भी नहीं, इसलिए मोक्ष की कामना का कोई अर्थ नहीं है।

राजा जनक कहते हैं कि यह सारा विश्व कुछ भी नहीं है। यह शुद्ध चैतन्य मात्र आत्मा ही है। आत्मा निराकार है। यह विश्व उसी की साकार अभिव्यक्ति है, अतः यह आत्मा से भिन्न नहीं है।

ज्ञान का महत्त्व

राजा जनक को एक नई दृष्टि मिल गई है। संसार बिलकुल वही है, किंतु देखने का ढंग बदल गया है। जो संसार पहले प्रीतिकर या दुःखद

लगता था, अब वह न प्रीतिकर रहा, न दु:खकर। सुख-दु:ख, प्रेम-घृणा, अपना-पराया सब मानसिक अवस्थाएँ मात्र हैं।

पहले राजा जनक शरीर, स्वर्ग, नरक, बंध, मोक्ष, भय एवं विश्व को कल्पना मात्र कहते थे। अब उन्हें संपूर्ण जन-समूह भी वन के समान दिखाई दे रहा है। उसमें कहीं द्वैत दिखाई नहीं देता। इस जन-समूह में एकत्व भाव दिखाई दिया, आत्मवत् दिखाई दिया; संकीर्णता के समस्त दायरे टूट गए; जाति, धर्म, भाषा, संप्रदाय, राष्ट्रीयता आदि विश्वबंधुत्व की भावना का उदय हो गया। यह है ज्ञान का महत्त्व।

इस सूत्र में राजा जनक ने तीन बातों पर विशेष रूप से प्रकाश डाला है—

१. जीने की इच्छा बंध क्यों?

२. आत्महत्या क्यों?

३. जीवन्मुक्त।

अत: इनको समझ लेना हितकर होगा।

जीने की इच्छा बंधन क्यों?

पंचभूत, दस इंद्रियाँ तथा मन—इन सोलह तत्त्वों के रूप में विकसित तथा सत्त्व, रज, तम तीन गुणों से युक्त यह लिंग शरीर है। यह चेतन शक्ति आत्मा के साथ संयुक्त होकर ही जीव कहलाता है, जो जन्म-मृत्यु को प्राप्त होनेवाला और अहंकार, लोभ, मोह आदि अवगुणोंवाला है। इसलिए राजा जनक कहते हैं कि मैं केवल चैतन्य मात्र हूँ, जीव नहीं।

मनुष्य के जीवन में इच्छाएँ बंध हैं, जीने की इच्छा भी बंध है। जीने की इच्छा भोग की इच्छा के कारण ही पैदा होती है। यदि भोगों की इच्छा नहीं, अन्य कोई वासना नहीं, संपूर्ण सृष्टि आत्मवत् प्रतीत होने लगी। व्यक्तिगत जितनी मान्यताएँ थीं, सब समाप्त हो गईं। फिर भी यदि जीने की इच्छा है तो इसका अर्थ है कि वासना शेष है; अभी मोह-ममता, राग-द्वेष आदि छूटा नहीं है। ये विकार ही जन्म-मृत्यु के कारण हैं, इसीलिए जीने की इच्छा को राजा जनक बंधन कह रहे हैं।

आत्महत्या क्यों?

यद्यपि जीने की इच्छा सबसे बड़ी वासना है, पर इसका अर्थ यह नहीं कि आत्महत्या करके जीवन को समाप्त कर दिया जाए। जीवन इस तरह समाप्त कर भी लिया जाए, पर जीने की जो वासना है, वह तो नष्ट नहीं होती। उस व्यक्ति को अपनी अतृप्त वासना की पूर्ति हेतु पुनः शरीर धारण करना पड़ेगा। इस प्रकार यह चक्र तो चलता ही रहेगा।

यह मानव शरीर निर्धारित अवधि के लिए मिलता है, जिससे वह इस जन्म में भोगने योग्य कर्मों के फलों को भोग लेता है, किंतु अवधि से पूर्व शरीर को नष्ट कर देने से अभोग्य कर्म उसे अगले जन्म में भोगने पड़ते हैं। अतः सभी धर्म आत्महत्या को पाप मानते हैं।

आत्महत्या को पाप कहने का दूसरा कारण यह भी है कि ईश्वर ने, प्रकृति ने जो शरीर एक निर्धारित अवधि के लिए दिया है, उसे विकृत अथवा नष्ट करना ईश्वरीय नियम का उल्लंघन है।

आत्महत्या के पीछे तीसरी धारणा यह है कि यह भी वासना है। जिसकी वासनाएँ सर्वाधिक होती हैं, जिन्हें वे पूरा नहीं कर पाते, वे आत्महत्या का सहारा लेते हैं।

आत्महत्या वासना-मुक्ति का उपाय कदापि नहीं हो सकता। तो फिर क्या?

समाधान

इस संदर्भ में राजा जनक कहते हैं कि जीवन जैसा है, उसे स्वीकार कर लेना चाहिए। स्वाभाविक रूप से जीना ही उत्तम है। न इसका तिरस्कार करो और न इससे मोह। यह जीवन किसी पाप के फलस्वरूप नहीं मिला है, प्रत्युत ईश्वरीय वरदान है। अतः ईश्वरेच्छा समझकर कृतज्ञता से स्वीकार कर लो। न भोग की, न त्याग की इच्छा करो, न जीने या मृत्यु की कामना करो। इसे ईश्वर ने दिया है, अच्छा है, वह वापस ले ले तो भी अच्छा है। सब उसकी इच्छा से होने दो।

अतः स्वाभाविक रूप से बिना पाप-कर्म किए जीना है, जी लो; पर

जहाँ जीने की इच्छा प्रबल हुई तो वह वासना बन जाएगी। यह इच्छा यदि पूर्ण नहीं हुई तो फिर जन्म लेना पड़ेगा।

मनुष्य की जीने की इच्छा ही बंधन है, अन्यथा वह तो मुक्त है ही।

जीवन्मुक्त कौन?

समस्त इच्छाओं के छूट जाने पर भी शरीर तो रहेगा ही, किंतु निराकांक्षी होकर रहेगा। स्वाभाविक जीवन चलता रहेगा, कर्म एवं संसार के प्रति आग्रह नहीं होगा। इस जीवन-शैली का व्यक्ति जीवन्मुक्त कहलाता है।

जीवन्मुक्त व्यक्ति में भोगों की इच्छा, कोई वासना, अपने-पराए में राग-द्वेष नहीं होता। उसको संपूर्ण सृष्टि आत्मवत् प्रतीत होती है, उसकी व्यक्तिगत मान्यताएँ समाप्त हो जाती हैं।

ऐसा जीवन जीना भी एक उच्च कोटि की कला है। अज्ञानी इस कला को न जानने के कारण ही दुःखी होते हैं। दुःख न तो भाग्य का फल है और न ईश्वर का अभिशाप। मनुष्य का गलत दृष्टिकोण ही इसका कारण है।

आत्मा-रूपी समुद्र पर चित्त-रूपी वायु का प्रभाव

राजा जनक कहते हैं कि यह सृष्टि इस आत्मा-रूपी समुद्र में उठी हुई विचित्र तरंग है, जो चित्त-रूपी वायु के झोंकों से उठती है।

इस कथन में तीन महत्त्वपूर्ण तथ्य हैं—

१. यह आत्मा, यह ब्रह्म अनंत समुद्र के समान है, जो असीम है तथा किसी सीमा में बद्ध नहीं है।

२. जिस प्रकार वायु के झोंकों से समुद्र में ऊँची-ऊँची लहरें उठती हैं, उसी प्रकार चित्त-रूपी वायु के झोंकों से इस आत्मा में विभिन्न वासनाओं की तरंगें उठती हैं। यह काम, क्रोध, लोभ, मोह, प्रेम, घृणा, वासना, उत्तेजना आदि उस आत्मा में उठी तरंगें ही हैं, जो चित्त के स्वभाव के कारण उठती हैं।

३. इन तरंगों का नाम ही संसार है। जिस प्रकार तरंगें समुद्र से भिन्न नहीं हैं उसी प्रकार यह संसार आत्मा से भिन्न नहीं है।

यदि चित्त की इन वृत्तियों का निरोध हो जाए तो मनुष्य उस आत्मा को उपलब्ध हो जाएगा।

उपर्युक्त संदर्भ में राजा जनक कहते हैं कि आत्मा-रूपी समुद्र तो शांत है, निर्मल है, क्षोभ-रहित है, निर्दोष है, निर्विकार है। यदि चित्त-रूपी वायु न चले तो उसमें तरंगें उठेंगी ही नहीं।

तरंगों का यह समूह ही संसार है, जो आत्मा-रूपी समुद्र से भिन्न नहीं है; किंतु अहं भाव के कारण भिन्न प्रतीत होता है।

संसार को आत्मा से भिन्न मानने के कारण काम, क्रोध, लोभ, मोह आदि अनेक वृत्तियाँ बढ़ जाती हैं; तृष्णा और वासना का विस्तार होता है तथा जीने की इच्छा उत्पन्न हो जाती है। तब मनुष्य अपने ही बनाए मायाजाल में फँस जाता है।

संसार का अस्तित्व तभी तक है जब तक यह चित्त विद्यमान है। चित्त-रूपी वायु के तेज हो जाने से विषय-वासनाएँ, अहंकार, लोभ आदि बढ़ जाते हैं। फलस्वरूप संसार में अत्याचार, अनाचार, वैमनस्य, घृणा, हिंसा आदि भी बढ़ जाती हैं, जिनके कारण यह संसार-रूपी नौका डूबने लगती है।

राजा जनक कहते हैं कि यदि चित्त-रूपी वायु का चलना बंद कर दिया जाए तो ये लहरें उठेंगी ही नहीं। समुद्र शांत हो जाएगा, तरंग-रूपी यह संसार विलुप्त हो जाएगा। जीव का मुख्य आधार ही संसार है, भोग है, तृष्णा है, वासना है। अतः संसार का विलुप्त होना जीव का दुर्भाग्य होगा।

राजा जनक जीव के दुर्भाग्य को भी सौभाग्य मानते हैं, क्योंकि जीव अपने को संसार से अलग करके अमृतत्व को प्राप्त हो जाता है। लहर मिटकर सागर बन जाती है। इसी प्रकार जीव विनाश को प्राप्त होकर आत्मा स्वरूप हो जाता है।

राजा जनक की आत्मानुभूति के समय की अनुभूतियाँ

राजा जनक अष्टावक्रजी के समक्ष अपनी आत्मानुभूति की अभिव्यक्ति करते हुए कहते हैं कि मैं अपने वास्तविक स्वरूप आत्मा को प्राप्त हो गया हूँ। मैं अब सीमित जीव नहीं हूँ, सागर की तरंग मात्र नहीं हूँ प्रत्युत विशाल

महासागर हूँ। पहले अहंकार एवं अज्ञानवश उस अनंत महासागर से भिन्न मानता था, पर अब अहंकार मिट गया है।

आज सारी भ्रांतियाँ मिट गई हैं, भिन्नताएँ समाप्त हो गई हैं। अपने वास्तविक स्वरूप आत्मा में प्रतिष्ठित हो गया हूँ। एकत्व का बोध हो गया है।

अंत से अनंत हो गया हूँ, सीमित से असीमित हो गया हूँ। संकीर्णताओं के सारे बंधन टूट गए हैं। सभी द्वंद्व मिट गए हैं।

अब इस आत्मा-रूपी अनंत महासागर रूप मुझमें जीव-रूपी तरंगें उठती हैं तथा अपने स्वभाववश लय हो जाती हैं।

इस उत्पन्न हो सकनेवाली शंका की तरंगें जब शांत हो गईं तो फिर क्यों उठती हैं और यदि उठती हैं तो इसका अर्थ यह हुआ कि वे शांत ही नहीं हुई थीं। इसका समाधान राजा जनक निम्नवत् देते हैं—

एक बार सब शांत हो गया। तरंगें उठनी बंद हो गईं। मैंने अपने स्वरूप को पहचान लिया कि मैं संसार नहीं, आत्मा हूँ; तरंगें नहीं, समुद्र हूँ; जीव नहीं, आत्मा हूँ; किंतु चित्त का स्वभाव है चंचलता, अतः इसमें तरंगें उठेंगी ही, वासना की तरंग फिर भी उठेगी; परंतु मैंने जब इनसे अपने को भिन्न देख लिया तो अब इनसे प्रभावित नहीं होता। मैं अब इन सबका द्रष्टा बन गया हूँ, साक्षी बन गया हूँ। पहले ये मुझ पर शासन करती थीं, अब मैं इनपर शासन करता हूँ। अब साक्षी एवं द्रष्टा मात्र हो जाने से ये अपने स्वभाव से अपने आप शांत हो जाती हैं।

यही है आत्म-दृष्टि, जिसको राजा जनक प्राप्त हो गए हैं।

गुरु की अनिवार्यता

राजा जनक के साथ जो घटा, वह बहुमूल्य था और एक ही क्षण में घटा।

यह अचानक एवं संपूर्ण परिवर्तन साधक के शरीर, मन, इंद्रियों, अहंकार, स्नायु संस्थान आदि सबको झकझोर देता है। यह सामान्य अनुभव नहीं होता प्रत्युत उस विराट् का अनुभव है। जब सामान्य सुख से ही मनुष्य पागल-सा

हो जाता है तो विराट् का अनंत सुख वह कैसे झेल सकता है! अतः गुरु ही उस समय सहायता करता है। यदि साधक की पूर्व तैयारी उस समय नहीं है तो वह उस शक्ति को झेल नहीं सकता। वह पागल हो सकता है और उसकी मृत्यु भी हो सकती है। इसीलिए गुरु की उपस्थिति अनिवार्य है।

□

तीसरा प्रकरण

(राजा जनक की परीक्षा)

अष्टावक्रजी को आश्चर्य हुआ कि राजा जनक को मेरा वक्तव्य सुनने मात्र से आत्मज्ञान कैसे हो गया है? अत: उन्होंने राजा जनक के ज्ञान को मान्यता नहीं दी। वह उनसे कई प्रश्न करके वास्तविकता जानना चाहते हैं कि कहीं राजा जनक को आत्मज्ञान होने की भ्रांति तो नहीं हो गई है।

राजा जनक के उत्तर के आधार पर ही अष्टावक्रजी उनके ज्ञान को मान्यता देंगे; क्योंकि वे सामान्य शिक्षक नहीं हैं, गुरु हैं, जो अनुभव देता है, रूपांतरण करता है, मुक्त कर देता है।

प्रश्न १–आत्मज्ञानी होकर तेरी क्या अभी भी धन कमाने में आसक्ति है? क्या अभी भी परिग्रह (संग्रह करना) में तेरी आस्था है? क्या अभी भी तुझे पद-प्रतिष्ठा, मान-सम्मान में आसक्ति है? क्या अभी भी सिंहासन में तेरी रुचि है?

राजा जनक ने भौतिक पदार्थों का त्याग नहीं किया, वस्त्र बदलकर संन्यासी नहीं हुए, महल एवं राज्य नहीं छोड़ा। सब जैसा था वैसा ही चल रहा था। इसलिए अष्टावक्रजी ने उपर्युक्त प्रश्न राजा जनक से किया। इस प्रश्न के औचित्य के संदर्भ में अष्टावक्रजी कहते हैं कि जो स्वयं प्रतिष्ठित नहीं है, वही दूसरों से प्रतिष्ठा चाहता है; जिसे स्वयं में सुख नहीं है, वही बाहरी पदार्थों में सुख ढूँढ़ता है। आत्मज्ञान एवं वासना साथ-साथ नहीं रह सकते।

आत्मज्ञानी के लिए ये सारी भौतिक संपदाएँ होना बुरा नहीं है, न पाप है; घर-गृहस्थी होना भी बुरा नहीं है, किंतु उनके प्रति आसक्ति होना बुरा है।

अष्टावक्रजी इस प्रश्न द्वारा राजा जनक से यही जानना चाहते हैं कि उनकी विषयों में आसक्ति है या नहीं?

प्रश्न २–आसक्ति का कारण बताते हुए अष्टावक्रजी प्रश्न करते हैं कि आत्मज्ञान के बाद भी तुझे विषयों में प्रीति क्यों बनी हुई है?

सीपी में चाँदी की भ्रांति होने से लोभ पैदा होता है, पर जब स्पष्ट रूप से देख लिया कि चाँदी नहीं, सीपी है तो फिर लोभ नष्ट हो जाना चाहिए। आत्मा के अज्ञान से यह भ्रम हो गया था कि विषयों में ही सुख है और इसी कारण उनमें आसक्ति हो गई थी, पर अब आत्मज्ञान हो जाने पर विषयों में आसक्ति समाप्त हो जानी चाहिए।

प्रश्न ३–अष्टावक्रजी राजा जनक से प्रश्न करते हैं कि ठीक है, पहले तुझे ज्ञान नहीं था कि तेरे पास आंतरिक अतुल संपत्ति परमानंद का खजाना है, इसलिए तू दीन-हीन होकर दूसरों से याचना कर रहा था; पर अब जब तूने जान लिया कि तू आत्मा-रूपी अथाह समुद्र है तो फिर महान् को छोड़कर दीनों की तरह इन क्षुद्र तरंग-रूपी वासनाओं से मुक्त हुआ कि नहीं?

प्रश्न ४–अष्टावक्रजी राजा जनक से पूछते हैं कि जब तूने आत्मा को शुद्ध चैतन्य व अति सुंदर जान लिया तो फिर कामासक्त होकर इंद्रियों के भोगों में अत्यंत आसक्त होकर मलिनता को क्यों प्राप्त हो रहा है?

प्रश्न ५–पुस्तकीय ज्ञान अथवा सुनने के आधार पर कोई भी अपने को ज्ञानी घोषित कर दे तो अज्ञानी तो उसे मान भी सकता है, पर ज्ञानी गुरु उसे ज्ञानी नहीं मान सकता, अत: अष्टावक्रजी राजा जनक को कसौटी पर कस रहे हैं। वे पूछते हैं कि तूने सब भूतों में आत्मा को एवं आत्मा में सब भूतों को स्थित जान लिया है। संसार एवं आत्मा में अभेद

संबंध को जानकर भी तुझमें ममता क्यों उत्पन्न हो रही है?

प्रश्न ६ – अष्टावक्रजी राजा जनक से पूछते हैं कि तू परम अद्वैत में तो स्थित हो गया है और मोक्ष के लिए उद्यत है। इसका अर्थ है कि आत्मज्ञान हो चुका है; पर क्या तेरी काम के प्रति व्याकुलता नष्ट हुई या अभी भी काम-क्रीड़ा की व्याकुलता शेष है?

अष्टावक्रजी उपर्युक्त प्रश्न के संदर्भ में काम-वासना के संबंध में कुछ विशेष बताते हुए कह रहे हैं कि वासनाएँ अनेक प्रकार की होती हैं, किंतु उनमें काम-वासना सबसे तीव्र है। अन्य वासनाओं को तो छोड़ा जा सकता है, किंतु इसे सामान्यतया छोड़ना अत्यंत कठिन है।

वे कहते हैं कि अनेक ऋषि-मुनि, साधु-संन्यासी आदि भी इससे मुक्त नहीं हैं। यह देवताओं तक का पीछा नहीं छोड़ती। काम एक शक्तिशाली ऊर्जा है। इसे दबाया या नष्ट नहीं किया जा सकता। इसका रूपांतरण किया जा सकता है। इसको परिष्कृत रूप में विकसित किया जा सकता है।

यह संपूर्ण सृष्टि काम से ही उत्पन्न हुई है। यह शक्ति ईश्वर-प्रदत्त है, अतः हेय नहीं है; किंतु इसका उपयोग वासना के रूप में करना हेय है।

अष्टावक्रजी चेतावनी देते हुए कहते हैं कि काम उस व्यक्ति का महान् शत्रु है, जिसमें नया-नया ज्ञान उद्भूत हुआ है। क्योंकि जन्म-जन्मांतर से जिस काम-वासना का भोग के रूप में उपयोग किया है, वह एक क्षण में आत्मज्ञान होते ही कैसे छूट सकती है? चित्त की वृत्तियों को छोड़ने में थोड़ा समय लगता है। पर इनसे पूर्ण रूप से छूटने पर ही मुक्ति संभव है।

राजा जनक को स्पष्ट रूप से समझाते हुए अष्टावक्रजी कह रहे हैं कि जिस प्रकार प्रकाश और अंधकार एक साथ नहीं रह सकते उसी प्रकार ज्ञान और संसार, ज्ञान और काम, ज्ञान और वासना एक साथ नहीं रह सकते।

प्रश्न ७–पूर्वोक्त छठे प्रश्न की दूसरे प्रकार से पुनरावृत्ति करते हुए तथा राजा जनक को आत्मज्ञान की कसौटी पर कसते हुए वे पूछते हैं कि ज्ञान की स्थिति में यद्यपि तूने जान लिया है कि यह काम उद्‌भूत ज्ञान का शत्रु है, फिर भी क्या तू काम-भोग की इच्छा करता है?

अष्टावक्रजी कहते हैं कि संसारी द्वंद्व में जीता है। अच्छा-बुरा, लाभ-हानि, सुख-दुःख, प्रेम-घृणा, जय-पराजय, संघर्ष-शांति आदि द्वंद्व ही जीवन हैं। मनुष्य दुनिया में रहकर अपने विभिन्न कर्मों द्वारा पाप-पुण्य की पूँजी अर्जित करता है। मृत्यु होने पर वह इसे अपने साथ लेकर जाता है।

स्वर्ग की कामना करनेवाले जो कर्म करते हैं, वे भोग की कामना के ही वशीभूत होते हैं; किंतु मुक्ति की इच्छा रखनेवाले भोगों से विरक्त हो जाते हैं, द्वंद्वों से पार हो जाते हैं। उनमें आत्मज्ञान से यह विवेक आ जाता है कि जिस प्रकार संसार के भोग अनित्य हैं उसी प्रकार स्वर्ग के भोग भी अनित्य हैं। वे भी क्षीण होंगे।

प्रश्न ८–अष्टावक्रजी राजा जनक से फिर प्रश्न करते हैं कि यद्यपि तू आत्मज्ञान को प्राप्त हो गया है और अगला चरण मुक्ति ही है, आत्मज्ञान के फलस्वरूप तू इस संसार और स्वर्गादि के भोगों से विरक्त हो गया है, फिर भी तुझे मोक्ष से भय लगता है। भोग की इच्छा रखनेवाले ही मुक्ति से भयभीत होते हैं। तो क्या तुझमें भोग की वासना अभी शेष है?

प्रसन्न होना, क्रुद्ध होना आदि मन के धर्म हैं, जो अहंकार के कारण प्रभाव दिखाते हैं। आत्मज्ञानी भी भोग भोगता है। प्रारब्ध कर्मों का भोग भी भोगता है, संसार में रहकर आवश्यक कर्म भी करने पड़ते हैं। वह सम्मान, प्रशंसा आदि भी पाता है; किंतु इन दोनों परिस्थितियों में वह केवल आत्मा को ही देखता हुआ प्रसन्नता एवं क्रोध जैसे मानसिक भावों से मुक्त रहता है। ये भाव उसे प्रभावित नहीं करते।

प्रश्न ९–अष्टावक्रजी राजा जनक से पूछते हैं कि क्या तुम्हें उपर्युक्त भाव

प्रभावित करते हैं?

अष्टावक्रजी कहते हैं कि आत्मज्ञान के बाद शरीर आत्मा से भिन्न होने लगता है। ज्ञानी फिर आत्मा को ही अपना स्वरूप मानता है, शरीर को नहीं; फिर भी उसका शरीर चेष्टारत तो रहता ही है, जिसके कारण उसे प्रशंसा और निंदा भी प्राप्त होती है; पर ज्ञानी इनके कारण क्षोभ को प्राप्त नहीं होता, क्योंकि क्षोभ तभी होता है जब मनुष्य स्तुति और निंदा को अपनी मानता है।

प्रश्न १०–अष्टावक्रजी राजा जनक से पूछते हैं कि क्या तुम्हें स्तुति एवं निंदा से क्षोभ होता है?

अज्ञानी के लिए तो यह संसार ही सत्य है। वह इसी में रहता है। खाता-पीता एवं अपना विकास करता है। संसार के राग-द्वेष, प्रेम-घृणा आदि सबसे प्रभावित होता है। यह जानते हुए भी कि एक दिन मरना सबको पड़ता है, फिर भी वह मृत्यु से भयभीत होता है; किंतु आत्मज्ञानी को संसार, माया एवं भ्रम दिखते हैं। वह मृत्यु से भी भयभीत नहीं होता है, प्रत्युत उत्सव की भाँति उसका स्वागत करता है।

प्रश्न ११–अष्टावक्रजी राजा जनक से प्रश्न करते हैं कि संसार की वास्तविकता जान लेने के बाद भी क्या शरीर में आसक्ति के कारण तुझे मृत्यु से भय लगता है?

संसारी मृत्यु से भयभीत होते हैं। इच्छा एवं वासना के न छूटने से भय होता है, शरीर में आसक्ति के कारण होता है; पर ज्ञानी संसार की तो क्या, मोक्ष की भी इच्छा नहीं करता, क्योंकि मोक्ष की इच्छा भी वासना है और वासना के रहते मोक्ष नहीं मिलता।

प्रश्न १२–अष्टावक्रजी राजा जनक से ऊँचे स्तर का प्रश्न कर रहे हैं कि क्या तुम्हें मोक्ष में स्पृहा (अभिलाषा) तो नहीं है?

आत्मज्ञानी को आत्मा की ही संपूर्ण सत्ता ज्ञात होती है। वह इस संसार में न कुछ त्यागने योग्य समझता है और न ग्रहण करने योग्य, क्योंकि त्याग और ग्रहण दोनों अहंकार के ही रूप हैं। ज्ञानी

त्याग नहीं करता प्रत्युत घट जाता है। त्याग होता है, किया नहीं जाता। वह अपना कुछ समझता ही नहीं, सभी ईश्वर का मानता है; फिर वह किसका त्याग करे, किसको ग्रहण करे?

अष्टावक्रजी राजा जनक से कहते हैं कि तू आत्मज्ञानी है। तेरे अंतःकरण का विषय एवं वासना-रूपी मल धुल चुका है। तू द्वंद्व-आशा रहित हो चुका है। तुझे दैव योग से प्राप्त भोगों को ईश्वर का वरदान समझकर भोग करना चाहिए। तुझे इनमें सुख-दुःख, राग-द्वेष नहीं होना चाहिए।

प्रश्न १३–अष्टावक्रजी पूछते हैं कि क्या तेरे भाव उपर्युक्त के विपरीत हैं?

□

चौथा प्रकरण

(आत्मज्ञान-प्राप्ति की पुष्टि हेतु राजा जनक के उत्तर)

राजा जनक अष्टावक्रजी द्वारा पूछे गए प्रश्नों का उत्तर बड़े सारगर्भित रूप में देते हैं। वे कह रहे हैं–

ज्ञानी एवं अज्ञानी दोनों ही कर्म करते हैं, पर उनके कर्मों में अंतर होता है। ज्ञानी में अहंकार नहीं होता। वह सब कर्म विवेकपूर्ण ढंग से स्वाभाविक रूप से करते हुए अपने को कर्ता या कर्मफल का भोक्ता नहीं मानता। वह सभी कर्म ईश्वर के एवं उनके लिए ही करता है। आत्मज्ञानी इनका साक्षी हो जाता है। जो कुछ ईश्वर ने दिया है, उसका उपयोग कृतज्ञतापूर्वक करता है। ज्ञानी समझता है कि दुनिया को ईश्वर ही चला रहा है। ज्ञानी मृत्यु के समय भी प्रसन्न रहता है। वह संसार को स्वप्नवत् समझता है।

इसके विपरीत, अज्ञानी अहंकारी होता है। वह सब कर्म कर्ता बनकर कर्मफल के भोग के लिए करता है। उसमें ईर्ष्या-द्वेष रहता है, मानसिक तनाव से ग्रस्त रहता है, वह समझता है कि सारी दुनिया उसी के बल पर चल रही है। अज्ञानी सबकुछ होते हुए भी दु:खी एवं चिंतित रहता है। वह मरते समय तो रोता ही है, जीवित रहते भी रोता रहता है। ज्ञानी व अज्ञानी के कर्मों में समानता होते हुए भी दृष्टि में बड़ा अंतर रहता है।

राजा जनक कहते हैं कि हे सद्गुरु! मुझे इसी प्रकार की अनुभूति हुई है।

ज्ञानी एवं अज्ञानी दोनों कर्म करते हैं, पर अज्ञानी कर्मफल की आकांक्षा करता है, जिससे वह लाभ-हानि, सुख-दु:ख, हर्ष-विषाद आदि से प्रभावित होता है। इसका मुख्य कारण उसकी इच्छाएँ एवं अपेक्षाएँ हैं।

राजा जनक कहते हैं कि इच्छाओं के कारण ही इंद्र एवं अन्य देवता दीन-दु:खी हो रहे हैं। वासनाग्रस्त होने के कारण वे आत्मा-रूपी एवं मुक्ति-रूपी परमपद को नहीं पा सके।

अष्टावक्रजी से राजा जनक निवेदन कर रहे हैं कि मैं उस परमपद को प्राप्त करके भी हर्षित नहीं हूँ, क्योंकि मैं द्वंद्व से ही पार हो गया हूँ। यह द्वंद्वातीत स्थिति ही मुक्ति है। मैं अब प्राप्त और अप्राप्त में समभाव रखता हूँ। मैं नित्य एवं शाश्वत आत्मपद पर स्थित हूँ।

अंत:करण का दोहरा कार्य है। जब यह शरीर मन, बुद्धि और इंद्रियों के साथ इच्छाओं एवं वासनाओं से ग्रस्त होता है तो यह पाप-पुण्य का भागी होता है; किंतु यह शुद्ध होने पर आत्मा का अनुभव करता है। पाप-पुण्य का भागी नहीं होता, चित्तवृत्ति के अहंकार-रहित होने पर ही अंत:करण शुद्ध होता है।

आत्मज्ञानी का अहंकार एवं कर्तापन खो जाने से पाप-पुण्य का प्रभाव उसपर नहीं होता, क्योंकि कर्तापन पाप-पुण्य का कारण होता है।

राजा जनक कहते हैं कि आत्मपद को प्राप्त व्यक्ति के अंत:करण का स्पर्श ये पाप-पुण्य नहीं कर सकते।

साधारण लोग अकसर कहते हैं कि ज्ञानी भी संसारी जैसा कार्य कर रहा है, अत: वह ज्ञानी नहीं है, भोगी है, पाखंडी है, उसने कपड़े नहीं छोड़े, महल नहीं छोड़े, सब राग-रंग वैसा ही है, अत: यह ज्ञानी हो ही नहीं सकता।

वास्तव में जब अज्ञानी 'ज्ञानी कैसा होता है', इसकी परिभाषा करते हैं तो अपनी मूढ़ता उसपर थोप देते हैं कि ज्ञानी को नंगा रहना चाहिए, कुछ भी खाना-पीना नहीं चाहिए आदि।

राजा जनक को ज्ञान प्राप्त हो चुका है, अत: इसकी सही व्याख्या कर

पा रहे हैं। इसको अष्टावक्र जैसा ज्ञानी गुरु ही समझ सकता है।

इसी संदर्भ में राजा जनक कहते हैं कि जिसने संपूर्ण जगत् को आत्मा की तरह जान लिया, वह सामाजिक राजनीतिक, व्यावहारिक, शास्त्रीय आदि सभी बंधनों से मुक्त होकर केवल ईश्वरीय नियमानुसार सब कार्य एवं व्यवहार करता है, जो स्व-विवेक पर आधारित होते हैं। वह मन, बुद्धि, अहंकार व शरीर आदि की इच्छानुसार नहीं चलता। वह सब बंधनों से मुक्त होकर स्वतंत्रता का अनुभव करता है।

पाप-पुण्य, स्वर्ग-नरक, दया-क्षमा आदि द्वैतवादी धर्म की मान्यताएँ हैं, जो मात्र अज्ञानी के लिए हैं। अद्वैत को उपलब्ध हुआ ज्ञानी इन सबसे पार हो जाता है। उसे एकत्व का बोध हो जाता है, फिर कोई पाप-पुण्य नहीं।

राजा जनक कहते हैं कि ज्ञानी का कोई संप्रदाय नहीं होता। उनकी कोई जाति नहीं होती। उनके सिद्धांतों व कार्यों में भिन्नता नहीं होती। वे जो सत्य है, वही कहते हैं।

अज्ञानियों के ढंग, अनेक विचार एवं सिद्धांत होते हैं। यहाँ तक कि उनके धर्म और ईश्वर भी अनेक हैं, आत्माएँ भी अनेक हैं। उनका मत है कि इच्छाएँ, वासनाएँ, संसार, लोभ, मोह, माया-ममता, धन-दौलत सब छोड़ने पर ही ज्ञान मिलेगा।

ज्ञानी जनक कहते हैं कि ब्रह्मा, विष्णु, महेश, इंद्र आदि अनेक देवता भी इच्छाओं-वासनाओं से ग्रस्त हैं। वे अपनी इच्छा और अनिच्छा को छोड़ने में समर्थ नहीं हैं। आत्मज्ञानी इन दोनों को रोकने में समर्थ है, इसलिए छोड़ने से ज्ञान नहीं होता प्रत्युत ज्ञानावस्था में जब सत्य का बोध हो जाता है तो जो असार है, वह अपने आप छूट जाता है। क्या छोड़ना है, क्या ग्रहण करना है—यह ज्ञानी अपने विवेक से निर्धारित करता है।

राजा जनक कहते हैं कि इस संसार में लोग नए-नए मुखौटे लगाकर ज्ञानी बने घूमते हैं; फिर कोई द्वैतवादी, कोई अद्वैतवादी, कोई निरंकारी, सनातनी, कबीरपंथी, नानकपंथी, शैव-वैष्णव आदि है; किंतु इनमें विरला ही यह जानता है कि आत्मा एक ही है एवं संपूर्ण सृष्टि उसी का विस्तार

है। सृष्टि, आत्मा तथा ईश्वर भिन्न नहीं हैं। सृष्टि एवं स्रष्टा भिन्न नहीं हैं, ऐसा जाननेवाला ही ज्ञानी है। उसे किसी का भय नहीं होता। भय मात्र द्वैत में होता है, अद्वैत में नहीं।

इस प्रकार राजा जनक ने अष्टावक्रजी द्वारा पूछे गए प्रश्नों के उत्तर बड़े सारगर्भित तरीके से देकर आत्मज्ञान को प्राप्त होने की पुष्टि कर दी।

□

पाँचवाँ प्रकरण

(मोक्ष-प्राप्ति के उपाय)

अष्टावक्रजी ने चार सूत्रों में मुक्ति के उपायों के संदर्भ में राजा जनक से कहा कि देहाभिमान का त्याग, अद्वैत आत्मा का बोध, जगत् की भ्रांति का त्याग तथा द्वंद्वों में समत्व बुद्धि का होना--ये चार धारणाएँ आत्मज्ञानी को मोक्ष की प्राप्ति करा सकती हैं।

उपर्युक्त चारों धरणाओं के विषय में कुछ विस्तार से चर्चा मुमुक्षु साधकों के हितार्थ की जा रही है।

अष्टावक्रजी कहते हैं कि हे जनक! जब तूने आत्मज्ञान की स्थिति में यह जान लिया है कि तू शुद्ध चैतन्य आत्मा है, तेरा कोई संगी-साथी नहीं है, तू अकेला है, फिर तू किसे त्यागना चाहता है? त्याग उसी का किया जाता है जो तुम्हारा है, पर जब तुम्हारा कुछ है ही नहीं, फिर किसका त्याग कर सकते हो? जिसे तुम अपना समझ रहे हो, वह केवल देहाभिमान के कारण है। इसी के कारण यह संसार अनंत शरीरोंवाला भासित होता है। मेरा-तेरा, अपना-पराया आदि समस्त भेद भी देहाभिमान के कारण हैं। लोभ, मोह, ममता आदि भी इसी के कारण हैं। यह धन-दौलत, महल, पत्नी, पुत्र आदि छोड़ने से कुछ नहीं होगा। यह देहाभिमान ही सबसे बड़ा बंधन है।

अतः देहाभिमान की भ्रांति का मिट जाना ही मोक्ष है, इसलिए इसे मिटाकर मोक्ष को प्राप्त हो जाओ।

अष्टावक्रजी मोक्ष-प्राप्ति का उपाय बताते हुए कहते हैं कि यह आत्मा समुद्र के समान विशाल है। यह संसार उस समुद्र में उठे हुए बुलबुलों की

भाँति है, अतः यह संसार तुझ आत्मा से भिन्न नहीं है। समस्त सृष्टि एक है। इस प्रकार के एकत्व भाव को ग्रहण करके तू मोक्ष को प्राप्त हो सकता है।

आत्मा में मन को लय करने से सारा जगत् लय को प्राप्त हो जाता है। जब तक आत्मा के एकत्व का बोध नहीं होता तब तक मोक्ष नहीं होता।

अष्टावक्रजी राजा जनक को समझाते हुए कहते हैं कि अज्ञानी को यह दृश्यमान जगत् स्थूल होने के कारण प्रत्यक्ष दिखाई देता है, क्योंकि उसे इस तत्त्व का कोई ज्ञान नहीं है।

आत्मज्ञानी ही इस तत्त्व को जानने में सक्षम है। अष्टावक्रजी कहते हैं कि यह दृश्यमान जगत् प्रत्यक्ष होता हुआ भी रज्जु सर्प की भाँति तुझ शुद्ध, चैतन्य, आत्मज्ञानी के लिए सत्य नहीं है। तेरे लिए तो एकमात्र यह आत्मा ही सत्य है, अतः आत्मतत्त्व में दृढ़निष्ठ होने से ही मुक्ति है।

अष्टावक्रजी कहते हैं कि जब तूने यह जान लिया है कि यह आत्मा पूर्ण है और तू शरीर नहीं आत्मा ही है, इसलिए तू भी पूर्ण है। सुख-दुःख मन के, आशा-निराशा चित्त के तथा जीवन-मृत्यु शरीर के धर्म हैं। तू इन तीनों से परे चैतन्य आत्मा है, जो साक्षी है। जब तूने अपने को आत्मा जान लिया है तो तेरे लिए ये सब समान हैं। तुझे न इनसे प्रसन्नता है और न दुःख, अतः द्वंद्वों में समत्व बुद्धि रखकर मोक्ष को प्राप्त हो जा।

□

छठा प्रकरण

(राजा जनक की अद्वैत की पूर्ण व्याख्या)

अष्टावक्रजी राजा जनक की परोक्ष रूप में परीक्षा भी ले रहे हैं कि उन्हें मोक्ष की चाह है भी या नहीं। अत: अष्टावक्रजी ने राजा जनक की मुक्तावस्था की स्थिति को जानने हेतु उन्हें उपदेश देते हुए कहा कि जहाँ न कुछ पाने को है, न छोड़ने को; न राग है, न विराग; न आसक्ति और न विरक्ति; यहाँ तक कि न संसार है; न मुक्ति : चित्त की ऐसी शून्य एवं जाग्रत् अवस्था का नाम ही मोक्ष है। यहाँ पहुँचा हुआ व्यक्ति शुद्ध चैतन्य मात्र रह जाता है। वह सत्य को जानकर स्वयं सत्य हो जाता है। इस स्थिति को प्राप्त मनुष्य के लिए शास्त्र-कर्म, विधि-विधान, ध्यान-धारणा, समाधि आदि सब छोड़ना जरूरी हो जाता है; क्योंकि जीवन में तो इन सबकी उपयोगिता है, पर मोक्ष में नहीं।

राजा जनक उनका उत्तर देते हुए कहते हैं कि मैं शरीर नहीं, आत्मा हूँ। जैसे आकाश अनंत और असीम है, उसी प्रकार मैं आत्म रूप होने से इस आकाश की तरह ही अनंत हूँ। यह संसार उसी आत्मा का साकार रूप है। जब संपूर्ण सृष्टि एक ही आत्म-तत्त्व है तो फिर इसका त्याग, ग्रहण और लय कैसे व किसमें हो? जब मैंने देख लिया कि आत्मा एक ही है और वही सत्य है तो फिर किसका किसमें लय हो, किसका त्याग हो और किसका ग्रहण हो?

उपर्युक्त संदर्भ में राजा जनक दूसरे उदाहरण के माध्यम से अपने कथन को और स्पष्ट करते हुए कहते हैं कि 'मैं आत्मरूप होने से समुद्र

के समान हूँ तथा यह जगत् मेरी तरंगों के समान है।'

अद्वैत की स्थिति को और भी स्पष्ट करते हुए वे कहते हैं कि आत्मा एक ही है, इसका न निर्माण होता है और न विनाश। अतः इसे न तो छोड़ा जा सकता है, न ग्रहण किया जा सकता है, न इसका किसी में लय होता है।

राजा जनक अपनी बात को तीसरा उदाहरण देते हुए स्पष्ट कर रहे हैं कि यह जगत् समुद्र व तरंगों की भाँति भी नहीं है, क्योंकि लहरों का लय समुद्र में होना संभव है, किंतु मैं आत्म-रूप सीपी के समान सत्य हूँ एवं विश्व की कल्पना उस सीपी में चाँदी की भ्रांति के समान है। अतः भ्रांति रूप होने से न तो इसका त्याग है, न ग्रहण और न ही लय। ऐसा ज्ञान मुझको हो गया है।

उपर्युक्त तीनों सूत्रों में अद्वैत की पूर्ण व्याख्या राजा जनक नहीं कर पाए हैं, अतः वे चौथे उदाहरण से और स्पष्ट करते हुए कहते हैं कि मैं आत्मरूप होने से सभी भूत पदार्थों में हूँ तथा ये सभी मुझमें हैं। यह समस्त भूत समुदाय शारीरिक रूप से भिन्न-भिन्न प्रतीत होते हुए भी सभी मेरे ही रूप हैं। रूप और अरूप, सूक्ष्म और स्थूल, निराकार और साकार का तत्त्वतः कोई भेद नहीं होता, ऐसी ही आत्मा और सृष्टि है। इसलिए न इसका त्याग है, न ग्रहण और न ही लय।

□

सातवाँ प्रकरण

(राजा जनक का अपनी मुक्तावस्था का वर्णन)

राजा जनक कहते हैं कि मैं उस अंतहीन महासमुद्र के समान आत्मा हूँ। इस महासमुद्र में विश्व-रूपी नाव अपनी प्रकृत वायु से इधर-उधर डोलती है। मैं तटस्थ एवं साक्षी होकर इसे देख रहा हूँ। अशांति लहरों तक ही सीमित है। समुद्र गहराई में प्रभावित नहीं होता। इसी प्रकार मनुष्य की सारी अशांति का कारण मन है, जिसमें कामनाओं-वासनाओं की तरंगें उठती हैं, यह मन का स्वभाव है।

वे आगे कहते हैं कि मैं अपने स्वभाव को उपलब्ध हो गया हूँ, स्वाभाविक जीवन जी रहा हूँ, पूर्णतया शांत हूँ, अतः इसके लिए कोई चेष्टा नहीं करता। चेष्टा ही अशांति का कारण होती है।

राजा जनक अपनी स्थिति को और स्पष्ट करते हुए कह रहे हैं कि मुझमें अब कोई संकल्प-विकल्प नहीं है। मैंने न संसार छोड़ा है, न संन्यास ग्रहण किया है; न पश्चात्ताप करता हूँ, न क्षमा-याचना; अब न त्याग का आग्रह, न ग्रहण का, यही आत्मा का स्वभाव है और मैं उसमें स्थित होकर शांत हूँ।

राजा जनक कहते हैं कि जिस प्रकार तरंगें उठने व शांत होने से भी समुद्र में कोई परिवर्तन नहीं होता, उसी प्रकार चित्त-रूपी वायु से आत्मा में भी वासनाओं-कामनाओं की तरंगें उठती हैं या मिटती हैं तो कोई परिवर्तन नहीं होता। आत्मरूप होने से मेरी न वृद्धि होती है और न हानि। यह सारी वृद्धि और हानि अहंकार की होती है, क्योंकि अहंकार प्रतिष्ठा चाहता है।

मैं इससे बिलकुल परे हूँ।

राजा जनक कहते हैं कि मैं आत्मा-रूपी अंतहीन समुद्र हूँ, जिसमें यह संसार कल्पना मात्र है। पहले मैं इस कल्पना को, भ्रम को ही वास्तविक समझता था, अतः यह मुझे प्रभावित एवं अशांत करता था; किंतु अब मैं अपने को निराकार रूप में समझकर अत्यंत शांत हूँ। ये सारे विक्षेप मन के कारण थे। अब आत्म-रूप मुझमें कोई विक्षेप नहीं हो सकता।

राजा जनक कहते हैं कि इंद्रियाँ व मन शरीर के साथ हैं। यह मन विषयों की ओर आकर्षित होकर इंद्रियों की सहायता से उन्हें भोगकर तृप्त होता है। मन सूक्ष्म शरीर के साथ रहने से उसकी रुचि विषय-भोगों में बनी रहती है, फलस्वरूप वासना के कारण नया शरीर ग्रहण करता है।

मैं इनसे परे आत्म-स्वरूप हूँ, जो न कर्ता है और न भोक्ता। अतः इस आत्मा का विषयों से कोई संबंध नहीं है। विषयों के प्रति आसक्ति केवल मन एवं शरीर की है। मैं आत्मा होने से अनासक्त हूँ। मैं अब ऐसी अवस्था में स्थित हूँ।

राजा जनक कहते हैं कि मैं आत्म-स्वरूप हूँ तथा आत्मा के लिए यह समस्त संसार इंद्रजाल की भाँति माया एवं भ्रम मात्र है। आत्मा-ज्ञानस्वरूप है, वह इससे प्रभावित नहीं होती।

भोग एवं त्याग दोनों कल्पनाएँ हैं, जो कुछ पाने के लिए की जाती हैं। जब मैंने सबकुछ पा लिया, पाने को कुछ शेष नहीं, फिर कल्पना किसकी की जाए?

मैं स्वभाव से जो हो रहा है उससे संतुष्ट हूँ, कोई चुनाव नहीं है। मैं दोनों का साक्षी होकर चैतन्य में स्थित हूँ।

□

आठवाँ प्रकरण

(अष्टावक्रजी द्वारा मन की भूमिका का वर्णन)

अष्टावक्रजी ने विभिन्न प्रश्नों द्वारा राजा जनक की परीक्षा ली, जिसमें वे पूर्ण रूप से खरे उतरे। अतः अंतिम रूप से बंधन एवं मुक्ति की संक्षिप्त व्याख्या चार सूत्रों में कर रहे हैं, जिससे वह राजा जनक को आत्मसात् हो जाए।

वे कहते हैं कि संसार में कोई भी बंधन में बँध सकता है, पर उसकी चेतना, मन-विचार आदि को नहीं बाँधा जा सकता। मनुष्य स्वयं ही देहाभिमान के कारण वासनाओं व इच्छाओं में बँधकर दुःखी होता है।

चित्त आत्मा से भिन्न है। यह चित्त ही समस्त विचारों-वासनाओं का केंद्र है। इसी से संसार भासता है। इसी के कारण सुख-दुःख का अनुभव होता है। चित्त विषयों में आसक्त होकर उसे भोगने के लिए उसकी प्राप्ति की इच्छा करता है। ज्यो-ज्यों उसे प्राप्त होता जाता है त्यों-त्यों लोभ, तृष्णा, मोह आदि बढ़ते जाते हैं। प्राप्त होने पर हर्ष, न मिलने पर दुःख होता है।

जब तक वासनाएँ हैं तब तक कर्मों पर रोक लगा देने से भी कोई लाभ नहीं होता। वासना के क्षय से यह विचार और कर्म जगत् स्वतः नष्ट हो जाते हैं।

अष्टावक्रजी कहते हैं कि मन का सक्रिय होना ही बंध नहीं है, बल्कि वासना का रहना बंध है। काम, क्रोध, लोभ, मोह उसके फल हैं।

अतः न शरीर बंधन है, न उसके कर्म, न मन और न उसके विचार, प्रत्युत वासना ही बंधन है।

वे आगे कहते हैं कि जब चित्त न चाह करता है, न सोचता है, न त्यागता है, न ग्रहण करता है, न सुखी और न ही दु:खी होता है तब यह अवस्था अर्थात् चित्त की शांत अवस्था मुक्ति है।

यह चित्त वासनाओं और इच्छाओं का पुंज है। इसमें 'मैं' भाव का उत्पन्न होना तथा अपने को आत्मा से भिन्न मानना अहंकार है।

शरीर से बाहर जो यह भौतिक जगत्, स्थूल जगत् दिखाई देता है अर्थात् झरने, समुद्र, पहाड़ आदि संसार नहीं हैं, प्रत्युत मनुष्य के भीतर एक और सूक्ष्म संसार है, जो दिखाई नहीं देता। इसी के अनुरूप यह बाहरी जगत् दिखाई देता है। दु:खी व्यक्ति को वह दु:खपूर्ण एवं सुखी को सुखपूर्ण दिखाई देता है।

मोक्ष चित्त की आत्यंतिक रूप से शांत हो गई अवस्था है, जिसमें न कोई वासना है, न इच्छा, न विचार, न कर्म। यही चैतन्य की शुद्धतम अवस्था है। यही आत्मा का स्वरूप है, यही निज स्वभाव है। इस अवस्था को उपलब्ध हो जाना ही मोक्ष या मुक्ति है। चैतन्य की उद्विग्न लहर ही संसार है और उसका शांत हो जाना मुक्ति।

इस प्रकार अष्टावक्रजी के अनुसार संसार चित्त की चाह की अवस्था है एवं अचाह की अवस्था मुक्ति है।

अष्टावक्रजी ने उपर्युक्त कथन से बंधन एवं मोक्ष की अलग-अलग व्याख्या की। अब इस सूत्र में इनकी सार रूप में व्याख्या करते हुए कहते हैं कि जब चित्त किसी दृष्टि अथवा विषय में लगा है तब बंधन है, पर जब सब दृष्टियों से अनासक्त हो जाता है तब मोक्ष है।

अष्टावक्रजी राजा जनक को एक महत्त्वपूर्ण बात बता रहे हैं कि कर्म में लगा होना ही बंधन नहीं, प्रत्युत आत्मा से भिन्न दिखाई देनेवाले समस्त विषयों के प्रति किसी भी प्रकार की दृष्टि होना भी बंधन है।

स्वाभाविक रूप से चित्त जब सभी दृष्टियों से–चाहे वह संसार की हो, स्वर्ग की हो अथवा मोक्ष की–अनासक्त हो जाता है तब मोक्ष है; क्योंकि वह आत्मा के साथ एकाकार हो जाता है। उसका स्वतंत्र अस्तित्व ही समाप्त हो जाता है। इसी को चित्त का आत्मा में लय होना कहा गया है। इसके

बाद फिर उसमें अर्थात् चित्त में वासना-कामना की तरंगें उठ ही नहीं सकतीं।

अष्टावक्रजी इस सूत्र में बंधन का कारण अहंकार को बताते हुए कहते हैं कि जब तक मनुष्य में मैं भाव है तभी तक बंधन है। आत्मा से भिन्न किसी की सत्ता है ही नहीं; किंतु इसमें मैं भाव से ही इन सब भिन्नताओं की प्रतीति होती है। यह भिन्नता का अनुभव ही अहंकार बन जाता है—और जब तक अहंकार रहेगा तब तक मनुष्य अपने को आत्मा से भिन्न मानता रहेगा, फलस्वरूप मोक्ष की प्राप्ति असंभव है।

अष्टावक्रजी मूल पर चोट करते हुए कहते हैं कि मनुष्य धर्म के नाम पर मंदिर जाता है, दान करता है, घर-बार छोड़ता है आदि; किंतु यदि इन सबके पीछे 'मैं' भाव है, कुछ पाने की इच्छा है तो इस मार्ग से मोक्ष नहीं प्राप्त हो सकता। वास्तव में धर्म का तात्पर्य है स्वयं का रूपांतरण। जो वास्तविक धार्मिक जीवन जी रहा है अर्थात् वासना, कामना, अहंकार-मुक्त है, वही धार्मिक है, अन्य कोई नहीं। अहंकार आदि के रहते जो कुछ भी किया जाएगा, वह पाप ही होगा।

अतः भोग और मोक्ष दोनों से अलग होकर साक्षी हो जाना ही मोक्ष है। यह अहंकार 'मैं' भाव गिरने से ही संभव है।

□

नौवाँ प्रकरण

(शांति के उपाय)

अष्टावक्रजी कहते हैं कि जो कर्म किए जा चुके हैं, वे वासना एवं अहंकार से किए गए हैं, अत: उनका फल तो भोगना ही पड़ेगा; किंतु जो कर्म अभी नहीं किए गए हैं वे भी बंधन हैं, क्योंकि उनके करने की वासना भीतर विद्यमान है। मनुष्य कर्मों के कारण अधिक अशांत नहीं है प्रत्युत वह विचारों, वासनाओं से अधिक अशांत है।

वे कहते हैं कि किए व अनकिए कर्म तथा द्वंद्व किसी के भी शांत नहीं हो सकते। संसार के प्रति उदासीन होकर त्याग-परायण और अव्रती होना ही शांति प्राप्त करने का एकमात्र उपाय है। व्रत ले-लेकर, कसमें खा-खाकर इनको छोड़ने का प्रयास करने से मनुष्य और भी अशांत है। अत: स्वाभाविक रूप से जो हो रहा है, उसे स्वीकार करके अनाग्रहपूर्वक जीवन-यापन करने से अशांति दूर हो सकती है।

अष्टावक्रजी कहते हैं कि संसार के प्रति उदासीन होकर या उसकी उपेक्षा करके अपने स्वभाव अर्थात् आत्मा में स्थित हो जाने से ही शांति उपलब्ध होगी।

अष्टावक्रजी कहते हैं कि आत्म-अज्ञान के कारण ही संसार की इस लोक में जीने की कामना, भोग की वासना एवं ज्ञान की इच्छा कभी शांत नहीं होती; किंतु जिसने आत्म-तत्त्व का स्वाद चख लिया उसे संसारी भोग, वासनाएँ, जीने की इच्छा, इसका ज्ञान आदि सब अनित्य एवं क्षणिक प्रतीत होने लगते हैं। उसे संसार से वैराग्य हो जाता है, किंतु केवल घर छोड़ देना

व लँगोटी लगा लेना वैराग्य नहीं है, अन्यथा नंगे-भूखे आदि सभी वैरागी कहलाने के अधिकारी हैं। लेकिन जिसने आत्म-तत्त्व का ज्ञान प्राप्त करके परमानंद का स्थायी, नित्य-निर्दोष सुख प्राप्त कर लिया, वह आत्मज्ञानी ही वैराग्यवान् है एवं वही जीवन्मुक्त है।

उपर्युक्त संदर्भ में अष्टावक्रजी कहते हैं कि जो संसार के विषयों में रुचि लेता है, जो इनके भोगों से आनंदित है, जिसे यह संसार ही सारभूत दिखाई देता है, जो संसार की भौतिक उन्नति को ही उपयोगी समझता है, वह उस आत्मज्ञान के सुख से वंचित रह जाता है। ऐसे व्यक्ति को सबकुछ मिल जाने पर भी शांति प्राप्त नहीं हो सकती। अत: आत्मज्ञान ही शांति-प्राप्ति का उपाय है।

अष्टावक्रजी द्वंद्वों के विषय पर प्रकाश डालते हुए कहते हैं कि सुख-दु:ख जीवन-मरण, लाभ-हानि, संघर्ष-शांति, पुरुष-प्रकृति, जड़-चेतन आदि अनेक द्वंद्व हैं, यह सृष्टि इनपर ही आधारित है। ये द्वंद्व एक ही सिक्के के दो पक्षों की भाँति हैं। एक को मिटाकर दूसरे को रखना संभव नहीं है। या तो दोनों रहेंगे या दोनों ही हटेंगे। सृष्टि में दोनों संयुक्त हैं, इसलिए अध्यात्म दोनों को ईश्वरीय मानकर उन्हें स्वीकार करने को कहता है।

आगे अष्टावक्रजी कहते हैं कि इनकी उपेक्षा कर यथाप्राप्य वस्तुओं में संतोष करनेवाला ही आत्मसिद्धि को प्राप्त होता है। उसी को आत्मज्ञान होता है। अत: द्वंद्वों को स्वीकार करना ही मुक्ति का मार्ग है। दुनिया में विभिन्न प्रकार के मत, मान्यताएँ, सिद्धांत एवं साधनाएँ हैं, किंतु इनमें सत्य कहीं भी नहीं है। सत्य इन सभी के पार है। ये मान्यतावादी, सिद्धांतवादी, तर्कवादी सब बुद्धि को भ्रांत करनेवाले हैं। अत: ज्ञान के मुमुक्षु को इन सबसे बचना चाहिए।

अष्टावक्रजी शास्त्रों एवं विभिन्न सूत्रों की उपेक्षा की बात कहते हैं, इन महर्षियों, साधुओं तथा योगियों के विभिन्न मत हैं, इसलिए ज्ञान-प्राप्ति की इच्छा रखनेवालों को इन सबकी उपेक्षा करनी चाहिए, तभी शांति संभव है। सत्य न शास्त्रों में है और न सिद्धांतों में। वह स्वयं के भीतर है, जिसे पाना ही ज्ञान है, उसी से शांति प्राप्त होगी। जब ज्ञानी इन घेरों से ऊपर उठकर

एक आत्मा का अनुभव करता है, तभी उसे शांति मिलती है।

इस सूत्र में अष्टावक्रजी ज्ञान-प्राप्ति के लिए सद्‌गुरु की अनिवार्यता बताते हुए कहते हैं कि शिष्य की पात्रता फिर भी मुख्य है, गुरु गौण है। गुरु कुछ करता नहीं, वह न ज्ञान दे सकता है, न मुक्ति अपितु गुरु की उपस्थिति के बिना यदि घटना घटती है तो वह उसे सँभाल नहीं सकता। उस स्थिति में उसे गुरु ही सँभालता है।

आत्मज्ञान हो जाने पर वह शिष्य स्वयं गुरु हो जाता है। वास्तविक गुरु तो भीतर बैठा आत्मा ही है, उसी गुरु को प्रकट करने में बाहरी गुरु सहायक मात्र होता है।

अष्टावक्रजी कहते हैं कि स्वयं के भीतरी गुरु के प्रकट हो जाने पर बाहरी गुरु का भी त्याग कर देना चाहिए, अन्यथा जो गुरु मुक्त कराता है, वही बाद में बंधन बन जाता है। आत्मा ही हमारा सच्चा गुरु है।

इस संदर्भ में बुद्ध कहते हैं कि अपना प्रकाश स्वयं बनो, दूसरों के दीपक से काम नहीं चलेगा।

जिसने अपने चैतन्य स्वरूप को जान लिया, वही अपने को संसार से तार लेता है। अत: ऐसा ज्ञानी स्वयं गुरु है। फिर उसे अन्य गुरु की आवश्यकता नहीं है; पर इसका यह अर्थ कदापि नहीं है कि आत्मज्ञान के पहले भी गुरु नहीं होना चाहिए, पर गुरु आत्मज्ञानी नहीं हो सकता।

अष्टावक्रजी कहते हैं कि संसार में यह समस्त भूत-सृष्टि, इंद्रिय, देह आदि उस चैतन्य आत्मा के विकार हैं। जब इनको चैतन्य से भिन्न देखा जाएगा, उसी क्षण मनुष्य बंधन से मुक्त होकर अपने स्वरूप में स्थित हो जाएगा। वासना के कारण यह सृष्टि भूत मात्र न दिखाई देकर अन्य प्रकार की दिखाई देती है, यही बंध है। अत: इस बंधन से मुक्ति के लिए केवल दृष्टि-परिवर्तन करना है। वस्तु को अपने स्वरूप में देखना ही ज्ञान है।

अष्टावक्रजी इसी को और स्पष्ट करते हुए कहते हैं कि यह संसार भूत मात्र है, किंतु वासना के कारण यह सत्य दिखाई देता है, अन्यथा मिथ्या है। इसलिए वासना ही संसार है, अत: वासनाओं के त्याग से ही संसार का त्याग हो जाएगा। वासना चाहे लोक-वासना हो एवं शास्त्र-वासना अथवा

शरीर-वासना : सभी वासनाएँ ही हैं। शरीर एवं शास्त्र वासना का भी त्याग करने से आत्मा का ज्ञान हो जाता है; किंतु अंत में आत्मा, ईश्वर आदि के भी त्याग से ही मुक्ति होती है। महात्मा बुद्ध ने भी आत्मा को असत्य कहा है। यह परम सत्य नहीं है।

□

दसवाँ प्रकरण

(काम मोक्ष-प्राप्ति में बाधक)

अष्टावक्रजी कहते हैं कि मोक्ष-प्राप्ति में काम शत्रु के समान है। जहाँ काम अर्थात् कामना है, वही संसार है। अर्थ अथवा धन-संपत्ति तो अनर्थ का कारण है ही। संसार के सारे अनर्थों के मूल में कामना एवं अर्थ ही मुख्य हैं। इन दोनों की उपेक्षा से ही मोक्ष का मार्ग प्रशस्त होता है।

शास्त्रों में धर्म, अर्थ, काम और मोक्ष—चारों को महत्त्व दिया गया है। संसारी व्यक्ति को प्रथम तीन का उपयोग करते हुए मोक्ष-प्राप्ति के लक्ष्य की ओर बढ़ना चाहिए; किंतु मोक्ष-प्राप्ति के लक्ष्य की अवहेलना करके धर्म, अर्थ, काम का सेवन करना भोगवाद होगा।

अष्टावक्रजी कहते हैं कि हे जनक! मोक्ष-प्राप्ति हेतु काम तथा अर्थ के साथ धर्म की भी उपेक्षा करो; क्योंकि यदि धर्म से 'मैं' भाव तिरोहित नहीं होता, मनुष्य के जीवन का धार्मिक जीवन में रूपांतरण नहीं होता, मोक्ष-प्राप्ति की ओर ध्यान नहीं होता तो धर्म का कोई महत्त्व ही नहीं।

अष्टावक्रजी कहते हैं कि भारतीय धर्म संसार-विरोधी कभी नहीं रहा। उसने कभी नहीं कहा कि संसार मिथ्या है, माया है, नरक है या इसमें दु:ख-ही-दु:ख हैं; स्त्री, पुत्र, धन, सगे-संबंधी आदि सभी नरक में ले जानेवाले हैं, अत: इनका त्याग करके जंगल की ओर भाग जाओ। ये सब धर्म से अनभिज्ञ अज्ञानियों की मूढ़ मान्यताएँ हैं। धर्म तो संसार को मोक्ष-प्राप्ति का सबसे बड़ा साधन मानता है, जिसमें रहकर ही मोक्ष प्राप्त किया जा सकता है।

वास्तव में संसार ही वह पाठशाला है, जिसमें अनुभव प्राप्त कर मुक्ति की साधना संभव है। अत: निंदा संसार की नहीं प्रत्युत इसके प्रति वासना, तृष्णा, अहंकार, कामना आदि की की गई है; क्योंकि यह संसार, इसके भोग एवं सभी नाते-रिश्ते क्षणिक हैं, शाश्वत नहीं हैं। भारतीय अध्यात्म क्षणिक की अपेक्षा शाश्वत को महत्त्व देता है। भारत ने उस शाश्वत को ही सत्य कहा है, जो तीनों कालों में स्थिर रहे।

अष्टावक्रजी संसार को छोड़ने की बात नहीं कहते हैं प्रत्युत इसको स्वप्नवत् एवं इंद्रजाल के समान मानने को कहते हैं। ज्ञानी को मोक्ष-प्राप्ति हेतु उनकी उपेक्षा करनी चाहिए। बिना बोध के संसार छोड़ने से कुछ नहीं होगा।

तृष्णा

अष्टावक्रजी कहते हैं कि मनुष्य अपना संसार स्वयं बनाता है। मनुष्य की तृष्णा ही उसका संसार है। परमात्मा ने मनुष्य को आत्मा एवं शरीर जैसी बहुमूल्य वस्तु दी है; किंतु इस आत्मा के अज्ञान से वह भिखारी की तरह संसारी विषयों की चाह करता है, जिससे वह निरंतर दु:खी रहता है।

यदि मनुष्य की तृष्णा शांत हो जाए, उसे जितना प्राप्त है उसी से संतुष्ट हो जाए तो वह सुखी रह सकता है।

वास्तव में संसार में कोई बंधन नहीं है, यह तृष्णा मात्र ही बंधन है। यदि तृष्णा का नाश हो जाए तो वह मुक्ति ही है।

तृष्णा के नाश का उपाय बताते हुए अष्टावक्रजी कहते हैं कि संसार से अनासक्त होने से तृष्णा का नाश हो जाता है। अनासक्त का अर्थ है—न आसक्ति, न विरक्ति, न ग्रहण, न त्याग की इच्छा करना, यथाप्राप्य में संतुष्ट होना, उपेक्षा भाव रखना।

अष्टावक्रजी कहते हैं कि आत्मा एक है। चैतन्य एवं शाश्वत है, अत: वही सत्य है।

संसार में प्रवाह है, धारा है, चैतन्य स्थिर है और संसार गतिशील है।

इस ब्रह्म में दो प्रकार की सनातनी शक्तियाँ हैं—विद्या और अविद्या।

अविद्या संसार के हेतु है और विद्या अमृतत्व की। मानवमात्र के हृदय में सत्य, प्रेम, पवित्रता, साधुता, त्याग, वैराग्य, करुणा, दया आदि के जो भाव हैं, वे विद्या शक्ति के कारण हैं और यह अमृतत्व है।

अष्टावक्रजी राजा जनक को कह रहे हैं कि तू शुद्ध चैतन्य है, आत्म-स्वरूप है, अतः तू नित्य एवं शाश्वत है तथा यह संसार जड़ और असत् है। अब तेरे लिए जानने को कुछ शेष नहीं बचा, तू पूर्ण ज्ञान को प्राप्त हो चुका है।

अष्टावक्रजी कहते हैं कि मनुष्य पैदा होता है, बड़ा होता है, पढ़ता है, धन कमाता है, विवाह करता है, घर बसाता है—इन सबको अपना समझने के कारण उनमें उसकी आसक्ति रहती है; पर मृत्यु के समय सब यहीं छूट जाता है। इन्हें बचाने का उसके पास कोई उपाय नहीं।

अतः हे जनक! तेरी आसक्ति मिथ्या है। इसी के कारण तुझे बार-बार जन्म लेना पड़ा। तू इस आसक्ति का त्याग कर, जिससे जन्म-मरण एवं दुःखों से तेरी मुक्ति हो सके।

अष्टावक्रजी राजा जनक को फिर उपदेश देते हैं कि धन-संपदा, काम और अच्छे कर्म, जो तूने अनेक जन्मों में किए हैं और अभी भी कर रहा है, पर इनसे भी मन इस संसार में विश्रांति को प्राप्त नहीं हुआ। यदि इनमें सुख होता, आनंद होता, संतोष होता, दुःखों का नाश होता तो इन सबको प्राप्त करके तुझे निश्चित ही शांति एवं आनंद मिल जाना चाहिए था। तू भ्रांतिवश इनमें सुख देख रहा था। अब तो अज्ञान एवं भ्रांति का त्याग कर। तू आसक्ति का त्याग कर, जिससे तुझे शांति प्राप्त हो।

□

ग्यारहवाँ प्रकरण

(कैवल्य या मुक्ति / निर्वाण-प्राप्ति के उपाय)

अष्टावक्रजी कहते हैं कि विज्ञान पदार्थ के अंतिम तत्त्व विद्युत् तक पहुँचा है एवं उसी को समस्त सृष्टि का कारण मानता है; किंतु अध्यात्म इससे भी पार एक चैतन्य तत्त्व की बात कहता है कि आरंभ में एक चैतन्य तत्त्व ही था। यह विद्युत् जड़ है, जो उस चैतन्य तत्त्व की ही शक्ति है। यह संपूर्ण सृष्टि इस शक्ति का ही फैलाव है, इसी का रूपांतरण है। इसके सारे क्रिया-कलाप इसी जड़ प्रकृति के स्वभाव से हो रहे हैं। वह चैतन्य आत्मा कर्ता नहीं है, वह निर्विकार एवं शुद्ध है; किंतु उसकी उपस्थिति आवश्यक है, अन्यथा शिव भी शव हो जाता और मनुष्य लाश हो जाता।

इस प्रकार सृष्टि के समस्त कार्यों का संचालन प्रकृतिजन्य है। उस चैतन्य की उपस्थिति मात्र से ही सब होता है। इस प्रकार जो व्यक्ति आत्मज्ञान को उपलब्ध हो गया, वह अपने को प्रकृतिजन्य समस्त कर्मों से ऊपर चैतन्य आत्मा मानकर निर्विकार और क्लेश-रहित होकर सुखपूर्वक ही शांति को उपलब्ध होता है।

अष्टावक्रजी कहते हैं कि आसक्ति का कारण संसार नहीं है प्रत्युत स्वयं की वासना है, तृष्णा है, कामना है, कुछ प्राप्त करने की इच्छा है। स्वयं का यह स्वार्थ ही आसक्ति का कारण है। आसक्ति में दो का होना आवश्यक है। शरीर, मकान, स्त्री, पुत्र आदि को हम भिन्न मानते हैं, जिससे आसक्ति होती है। यदि एक ही हो तो कौन किसमें आसक्ति रखे?

यह संपूर्ण सृष्टि ही ईश्वर है, सभी कुछ उस एक चैतन्य का ही

विकास है। इसलिए सबको बनानेवाला ईश्वर ही है, दूसरा कोई नहीं। इस प्रकार जो ईश्वर को जान लेता है कि वही सब है, जो मिला है वह भी उसी का है, जो छूटा है वह भी उसी का है तो त्याग अपने आप हो जाता है। द्वंद्व, अशांति, आशाएँ मिट जाती हैं; जो मिला है, जो हो रहा है उससे व्यक्ति संतुष्ट हो जाता है। ऐसा व्यक्ति ही परम शांति को प्राप्त होता है।

भारतीय धर्म की यह मान्यता बड़ी अनूठी है, वैज्ञानिक है कि सबकुछ दैव योग से समय पर ही होता है, समय से पहले कुछ नहीं होता। भाग्य में जैसा लिखा है वैसा ही होगा आदि धारणाएँ भारतीय धर्म का अंग हैं। इससे जीवन में कोई तनाव, अशांति नहीं है। भौतिक सुख-समृद्धि के अभाव में भी वह प्रसन्नचित्त रहता है।

पश्चिम (देश) समय से पूर्व ही प्राप्त करना चाहता है, सबकुछ अपनी इच्छानुसार ही प्राप्त करना चाहता है, पर ऐसा होता नहीं। इसलिए भौतिक सुख-सुविधाओं से संपन्न होते हुए भी पश्चिम बेचैन है, तनावग्रस्त है। आत्मिक शांति नष्ट हो रही है। इसका कारण केवल इतना है कि वह सृष्टि के चैतन्य के नियमों से अपरिचित है।

अष्टावक्रजी कहते हैं कि विपत्ति और संपत्ति दैव योग से ही समय पर आती हैं। जिस ज्ञानी को ऐसा निश्चय हो जाता है, वह सदा संतुष्ट एवं स्वस्थेंद्रिय रहता है। वह न किसी की कामना करता है, न अप्राप्त अथवा वस्तु के नष्ट हो जाने पर शोक ही करता है। वह हमेशा मानसिक तनावों से बचा रहता है।

इस क्रम में अष्टावक्रजी कहते हैं कि सुख-दुःख एवं जन्म-मृत्यु भी दैव योग से होते हैं। ये मनुष्य के वश में नहीं हैं।

ज्ञानी सब दैव योग से होना मानने के कारण कर्तापन के भाव से मुक्त हो जाता है, अहं भाव से मुक्त हो जाता है, उसे परम शांति मिलती है।

ज्ञान को उपलब्ध हुआ व्यक्ति फल की कामना से रहित होकर कर्म करता है। उसके समस्त कर्म मानवमात्र के कल्याण के लिए ही होते हैं। वह कर्मफल से मुक्त ही रहता है।

भारतीय अध्यात्म इसी कारण से दैव योग, भाग्य, ईश्वर, फलेच्छा के

त्याग आदि पर विशेष जोर देता है, जिससे वह शांति से जी सके; चिंताओं, परेशानियों, तनावों से मुक्त रह सके।

इसी बात को आगे बढ़ाते हुए अष्टावक्रजी कहते हैं कि जहाँ अहंकार है वहीं कर्ता भाव है, वहीं फलाकांक्षा एवं चिंता होगी। जहाँ चिंता है वहीं दु:ख है।

ज्ञानी ऐसा मानता है कि मैं कर्ता नहीं हूँ, मैं केवल निमित्त मात्र हूँ। सभी कर्म ईश्वर के ही हैं, उसी के आदेश एवं प्रेरणा से कर्म कर रहा हूँ। ऐसा मानकर कर्म करनेवाला निर्भय होकर, चिंतामुक्त होकर जीता है, सुखी एवं शांत रहता है।

जो ईश्वर की सत्ता में ही विश्वास नहीं रखते, उनका जीवन अनेक प्रकार की कुंठाओं से ग्रस्त रहता है। अत: मानसिक संतुलन को बनाए रखने के लिए ईश्वर की ऐसी धारणा अत्यंत महत्त्वपूर्ण है। ईश्वर है या नहीं, यह इतना महत्त्वपूर्ण नहीं है जितना उसका मानना महत्त्वपूर्ण है।

अष्टावक्रजी कहते हैं कि जो आत्मज्ञान को उपलब्ध हो गया, उसका शरीर से संबंध-विच्छेद हो जाता है, इसलिए ज्ञानी कहता है—मैं शरीर नहीं, आत्मा हूँ। आत्मा का कोई शरीर नहीं होने से वह कहता है, 'मेरा शरीर नहीं है।'

इस प्रकार जो निश्चयपूर्वक जानता है, वह कैवल्य या निर्वाण को प्राप्त हो जाता है।

अज्ञानी शरीरों को देखता है, पदार्थों को देखता है, इसलिए उसे भिन्नताएँ दिखाई देती हैं; किंतु ज्ञानी इस संपूर्ण सृष्टि के मूल तत्त्व ब्रह्म को, आत्मा को देखता है—जिससे इस सृष्टि का अस्तित्व है—इसलिए उसे इस संपूर्ण सृष्टि में एकता दिखाई देती है।

अष्टावक्रजी कहते हैं कि जिस ज्ञानी को ऐसा निश्चय हो जाता है कि मैं आत्मा हूँ और ब्रह्म से लेकर तृणपर्यंत मेरा अर्थात् आत्मा का ही विस्तार है, यह सृष्टि मेरी नहीं बल्कि मैं ही सृष्टि हूँ, मेरे से भिन्न कुछ है ही नहीं, ऐसा व्यक्ति निर्विकल्प हो जाता है, शांत एवं शुद्ध हो जाता है। ऐसा व्यक्ति प्राप्य से न तो मोह करता है, न अप्राप्य की चिंता। वह दोनों

से सर्वथा मुक्त हो जाता है। यही ज्ञानी की स्थिति है, यही मुक्ति है।

जिसने शाश्वत को जान लिया, वह फिर क्षण-भंगुर में रुचि नहीं लेता; जो अद्वैत के परमानंद में मग्न हो गया, वह द्वैत, अशांत, दुःख, भय एवं क्लेशयुक्त घेरे से बाहर हो जाता है। वह परम शांति को उपलब्ध हो जाता है।

अष्टावक्रजी कहते हैं कि यद्यपि यह संसार अनेक आश्चर्योंवाला है, किंतु आत्मानंद के सामने कुछ भी नहीं है। सब मिथ्या है, रसहीन है।

बोध-स्वरूप आत्मज्ञानी पुरुष इस संसार को मिथ्या समझकर शांति को प्राप्त होता है। संसार में सत्य, आनंद, सुख-दुःख, हर्ष-विषाद आदि के जो अनुभव होते हैं, वे सब मनुष्य की वासना एवं अहंकार के कारण हैं।

सृष्टि अपने नियमों से चलती है। वह हर मनुष्य के सुख-दुःख की चिंता नहीं करती। मनुष्य अपने को उन नियमों के अनुकूल बनाकर सुखी हो सकता है। सृष्टि के नियमों को जान लेना ही ज्ञान है। इनको न जानना अज्ञान है, इसलिए ज्ञान से ही अज्ञान मिटता है, भ्रांति दूर होती है, सत्य उपलब्ध होता है, शांति प्राप्त होती है, कैवल्य अर्थात् निर्वाण (मुक्ति) की प्राप्ति होती है।

□

बारहवाँ प्रकरण

(जनक द्वारा अपनी उपलब्धि के क्रम का वर्णन)

"अपने स्वभाव को प्राप्त हो जाना ही परम गति है।"

कर्म शरीर, मन एवं वाणी से स्वतः ही होते हैं।

१. शरीर द्वारा कर्म—शरीर एवं इंद्रियों से जो कर्म होते हैं, उनके साथ फलाकांक्षा, आशा-निराशा, लाभ-हानि, सुख-दुःख एवं अनेक अपेक्षाएँ जुड़ी होती हैं, जिससे मन में विक्षेप उत्पन्न होते हैं, जिनके निरोध के लिए जप, तप, यज्ञ और आसन आदि शारीरिक कर्म किए जाते हैं। इससे भी नए विक्षेप उत्पन्न होते हैं।

२. वाणी के कर्म—शारीरिक कर्मों को रोकने पर वाणी द्वारा भजन-कीर्तन, मंत्रोच्चारण, प्रवचन, उपदेश, अखंड पाठ आदि कर्म होने लगते हैं।

३. मानसिक कर्म—वाणी के कर्मों को रोकने से मन में अनेक संकल्प-विकल्प, विचार आदि चलने लगते हैं।

उपर्युक्त तीनों प्रकार के कर्म जब तक शांत नहीं हो जाते तब तक चित्त शांत नहीं होता और जब तक चित्त शांत नहीं होगा तब तक आत्मज्ञान होना संभव नहीं है।

तीनों कर्मों के निरोध का उपाय

पतंजलि कहते हैं कि चित्त की वृत्तियों का निरोध ही योग है, जो अभ्यास एवं वैराग्य से होता है। कर्म उत्पन्न हो जाते हैं, अतः शरीर-मन-वाणी

के कर्मों का निरोध करने के लिए उनकी उपेक्षा, उनके प्रति उदासीनता होना एवं उनका द्रष्टा मात्र होना आवश्यक है। अपने को कर्तापन से हटा लेना ही मार्ग है।

राजा जनक कहते हैं कि पहले मैंने शारीरिक कर्मों का, फिर वाणी के कर्मों का, तदनंतर मानसिक कर्मों का निरोध किया। इस प्रकार मैं आत्मज्ञान को उपलब्ध होकर आत्मा में ही स्थित हूँ।

विक्षेपों का कारण

राजा जनक कहते हैं कि आत्मा के ज्ञान के अभाव के कारण ही शरीर, मन, वाणी के विक्षेप होते हैं। इसी अज्ञान के कारण सभी राग भी उत्पन्न होते हैं। इनका मूल वासना है। इसके रहते भोग और त्याग दोनों व्यर्थ हो जाते हैं।

विक्षेपों से मुक्त होने के उपाय

आत्म-अज्ञान को दूर करना होगा, क्योंकि उसी के कारण मनुष्य मन, शरीर, बुद्धि व इंद्रियों का दास हो जाता है।

आत्मज्ञान बोध से होता है। आत्मा अदृश्य है। वह दिखाई नहीं देता है। वह दृश्य का विषय नहीं है। वह स्वयं द्रष्टा है, वही सबको देखनेवाला है। अत: आत्मा का केवल अनुभव होता है, ज्ञान होता है, बोध होता है।

आत्मज्ञान के लिए ऐसी कोई शर्त नहीं कि वह समाधि के बिना नहीं होगा, यम-नियम-आसन-प्राणायाम के बिना होगा ही नहीं। जिसमें बोध नहीं है उसी को ध्यान, धारणा, समाधि आदि का व्यवहार करना पड़ता है; अहिंसा, सत्य, दया, करुणा आदि अपनाने होते हैं।

आत्मा तो सदा उपलब्ध है, जागकर देखना मात्र है। दृष्टि पर्याप्त है, क्रिया आवश्यक नहीं है।

आत्मा हमारा स्वभाव है। उसे उपलब्ध हो जाना ही अपने स्वभाव को उपलब्ध होना है।

हेय और उपादेय (ग्रहण करने योग्य, उत्तम), अच्छा-बुरा,

उपयोगी-अनुपयोगी आदि विचार मन की वासना के कारण उत्पन्न होते हैं। वासना मिटने पर ये भेद स्वत: ही समाप्त हो जाते हैं।

राजा जनक को आत्मज्ञान प्राप्त हो गया। वे अपने स्वभाव में स्थित हो गए हैं, अत: हेय-उपादेय की धारणा ही नहीं रही, इसलिए उनसे होनेवाले हर्ष एवं विषाद का भी अभाव हो गया है। वे कहते हैं कि मैं अपने वास्तविक स्वभाव में स्थित हूँ, अज्ञानवश जो विभिन्न प्रकार के मुखौटे लगा रखे थे, वे सब उतर गए हैं।

अज्ञानियों के लिए विभिन्न कर्मों का विधान है, जैसे—भजन, कीर्तन, जप, यज्ञ, हठयोग क्रियाएँ आदि; फिर अनेक प्रकार की साधनाएँ आदि हैं, जिनसे अंत:करण शुद्ध होता है। वर्ण व्यवस्था, आश्रम व्यवस्था आदि भी उन्हीं के लिए हैं, जिनसे वे क्रियाओं, साधनाओं एवं व्यवस्थाओं में गुजरकर क्रमिक विकास कर आत्मोन्नति को उपलब्ध हो सकें, आत्मज्ञान प्राप्त कर सकें। साधनावस्था अथवा अज्ञान की स्थिति में कोई-न-कोई विधि तो अपनानी ही होगी।

ज्ञानी को एकत्व का बोध हो जाने से उसकी सारी विभिन्नताएँ समाप्त हो जाती हैं। वह निर्विकल्प में अवस्थित हुआ परमानंद का अनुभव करता है।

कर्म की व्याख्या

संसार में रहकर कर्म करना परम आवश्यक है। कर्म कई प्रकार के होते हैं, जैसे--(१) स्वाभाविक कर्म, (२) अनिवार्य कर्म, (३) प्रति कर्म, (४) निष्कर्म और (५) अकर्म।

कर्म शारीरिक एवं मानसिक भी होते हैं। जीवन ही कर्म है, मृत्यु कर्म का अभाव है। कर्म का आरंभ जन्म के साथ ही हो जाता है एवं मृत्यु-पर्यंत चलता है, इसलिए जीवन में कर्म रोकना असंभव है। जो कर्म अहंकारवश वासना-पूर्ति हेतु हैं तथा जिनके पीछे फलाकांक्षा होती है, वे कर्म ही बंधन बनते हैं। जिस कर्म से कर्ता को अहंकार हो कि 'मैं कर रहा हूँ, मैंने किया है' वही कर्म बंधन है, क्योंकि यह अहंकार या मैं भाव ही अज्ञान है।

कर्मों का त्याग भी बंधन है, क्योंकि उसमें भी अहंकार है, मैं

भाव है, जो अहंकार व अज्ञान है। अहंकार-रहित, स्वाभाविक रूप से किए गए कर्म कर्म नहीं हैं।

राजा जनकजी कहते हैं कि मैं अहंकार-रहित कर्म-अकर्म एवं उनके त्याग दोनों से ही मुक्त होकर अपने स्वरूप में स्थित हूँ। मैं आत्म-स्वरूप को प्राप्त होकर ऐसा जान गया हूँ, क्योंकि आत्मा का कोई कर्म नहीं है, वह कर्ता नहीं है। कर्म मात्र अहंकार के कारण होते हैं।

श्रीकृष्ण की 'गीता' एवं 'अष्टावक्र गीता' में अंतर

श्रीकृष्ण की 'गीता' साधक के लिए दिया गया उपदेश है, मार्गदर्शन है, जिसके अनुसार चलकर मनुष्य अपने जीवन को परिष्कृत करके, भव-सागर को पार करके प्रभु की प्राप्ति कर सकता है।

'अष्टावक्र गीता' सिद्ध अवस्था की अनुभूति का वर्णन है। इसमें उपदेश नहीं है प्रत्युत यह कसौटी है, जिस पर किसी भी आत्मज्ञानी को कसकर परखा जा सकता है। जिसे ऐसा अनुभव हुआ है, वही ज्ञानी है। आत्मज्ञानी की ऐसी परम कसौटी अन्यत्र नहीं है। यह न धारणा मात्र है और न सिद्धांत। देश, काल, धर्म, संप्रदाय, जाति, वर्ग आदि के पार अध्यात्म पर दिया शुद्धतम वैज्ञानिक वक्तव्य है, जो संपूर्ण अध्यात्म जगत् की धरोहर है।

राजा जनक इस सूत्र में और भी महत्त्वपूर्ण बात कहते हैं कि अनेक व्यक्ति कर्मकांड, उपासना, भक्ति आदि कर्मों को छोड़कर केवल उस अचिंत्य ब्रह्म का चिंतन मात्र करते हैं। वे समझते हैं कि परमात्मा के चिंतन से, ब्रह्म के चिंतन से ही उन्हें मुक्ति मिलेगी। वे कहते हैं कि यह भी भ्रम है। पहले तो ब्रह्म निराकार है, उसका चिंतन हो ही नहीं सकता, फिर चिंतन की भी उसे चिंता होगी कि आज चिंतन नहीं किया, ध्यान नहीं किया। इस प्रकार चिंतन में भी कर्ता भाव 'मैं' लगा रहता है। अतः ऐसा चिंतन करनेवाला व्यक्ति ब्रह्म को ही नहीं, चिंता को भी भजता है।

राजा जनक कहते हैं कि मैं इस ब्रह्म के चिंतन की भावना को त्यागकर भावनामुक्त होकर आत्मज्ञान को उपलब्ध हो गया हूँ तथा अपने में स्थित हूँ।

साधन व्यर्थ नहीं है

राजा जनक बिना किसी साधना को किए; बिना जप, तप, योग, भक्ति, पूजा, उपासना, ध्यान कर्म किए ही आत्मज्ञान को उपलब्ध हुए, किंतु वे यह नहीं कहते कि ये सब साधन व्यर्थ हैं।

राजा जनक कहते हैं कि यह आत्मा क्रिया-रहित है। इसके क्रिया-रहित स्वरूप को जिसने उपर्युक्त साधनों से अर्जित किया है, वह मनुष्य कृतकृत्य है, उसे भी आत्मा की अनुभूति होगी, उसका प्रयत्न भी निष्फल नहीं जाएगा। साधना द्वारा आत्मज्ञान प्राप्त करना भी एक मार्ग है।

अंततः जो स्वभाव से ही स्व-भाववाला, आत्म-भाववाला है, जिसका स्वभाव ही आत्मवत् है, वह तो कृतकृत्य है ही। वह ही परम ज्ञानी है, चाहे वह स्वयं के स्वभाव से प्राप्त हुआ हो अथवा किसी साधन से।

□

तेरहवाँ प्रकरण

(आत्म-बोध का फल कर्म-बंधन से मुक्ति)

चित्त का शांत हो जाना ही आत्मज्ञान की कसौटी है, जिसके मन में हलचल होती है, उथल-पुथल होती है, विक्षेप होते हैं, इसका अर्थ है कि उसे अभी आत्मज्ञान नहीं हुआ।

चित्त की स्थिरता, संसार को छोड़कर भागनेवाले के लिए भी दुर्लभ है। बाहरी आडंबरों से आत्मज्ञान नहीं होता। आत्मज्ञान राजा जनक की-सी स्थिति प्राप्त करने से होता है। वे शरीर, मन, अहंकार आदि से अपने को भिन्न आत्मवत् अनुभव करने लगे थे। संसार के जो भी कर्म, भावना, विचार, त्याग, ग्रहण, अच्छा-बुरा आदि जो मन, अहंकार और शरीर से है, इन सबसे पार अपने को आत्म-स्वरूप केवल चैतन्य अनुभव करने लगे थे। ऐसे भाव से वे चित्त की स्थिरता, जो चित्त का स्वास्थ्य है, को उपलब्ध हो गए थे।

मनुष्य शारीरिक, मानसिक एवं वाणी के दुःखों से दुःखी होता है। ये क्या हैं, यह समझना जरूरी है।

शारीरिक दुःख

वास्तव में शरीर ही सबसे बड़ी व्याधि है। इसके रहते सुख संभव नहीं है। शारीरिक कष्ट, रोग, थकान, अपाहिज हो जाना, भरण-पोषण के लिए शारीरिक श्रम करना आदि शारीरिक दुःख हैं।

मानसिक दु:ख

मन के तो अनेक दु:ख होते हैं, जैसे—अभाव, अपमान, चिंता, महत्त्वाकांक्षा, हीन-भावना, प्राप्त करने की चिंता, खोजने की चिंता, रख-रखाव की चिंता, रक्षा की चिंता, संकल्प-विकल्प आदि।

वाणी के दु:ख

गूँगा हो जाना, मन के भावों को बिना सोचे-समझे व्यक्त करना, अपशब्द, कटु भाषण, मिथ्या भाषण, व्यर्थ प्रलाप, अधिक बोलना या आवश्यकता होने पर भी नहीं बोलना आदि वाणी के दु:ख हैं।

राजा जनक कहते हैं कि मैं उपर्युक्त तीनों प्रकार के दु:खों का त्याग कर आत्मानंद में सुखपूर्वक स्थित हूँ। जो शरीर, मन एवं वाणी के दु:खों से प्रभावित नहीं होता, वही आत्मा के आनंद की अनुभूति करता है।

आत्मज्ञान प्राप्त करना ही सबसे बड़ा पुरुषार्थ है। इसी से उस पुरुष-तत्त्व अर्थात् आत्मा की उपलब्धि होती है।

मनुष्य के कर्म दो प्रकार के होते हैं—१. स्वाभाविक, २. कर्तव्य कर्म।

स्वाभाविक कर्म—प्रकृति अपने आप करती है। इन्हें करना नहीं पड़ता, जैसे—साँस लेना, भोजन पचाना, हृदय का धड़कना, रक्त-प्रवाह आदि समस्त कार्य अपने आप होते रहते हैं। नींद में भी होते हैं, अत: ये कर्म नहीं हैं।

कर्तव्य कर्म—मनुष्य ये सब कर्म कर्तव्य समझकर कुछ पाने की इच्छा से मान-सम्मान, पद-प्रतिष्ठा के लिए करता है; भोग की वासना से सुख-शांति, आनंद के लिए करता है; शरीर के पोषण के लिए, अपने विकास एवं उन्नति के लिए करता है; दूसरे की भलाई के लिए करता है।

ये सब कर्म आत्मा द्वारा नहीं किए जाते, क्योंकि आत्मा अकर्ता है।

कर्तापन, सोद्देश्य एवं फलाकांक्षा से किया गया हर कार्य कर्म ही है। यहाँ तक कि मोक्ष, मुक्ति, स्वर्ग-प्राप्ति एवं शक्ति-लाभ के लिए जो भी कुछ किया जाता है, वह भी कर्म है।

आत्मज्ञानी भी कर्म करते ही हैं। उन्हें भी खाने-पीने और रक्षण संबंधी कर्म करने पड़ते हैं, पर वे अहंकार-रहित होकर स्वाभाविक रूप से करते

हैं। उन्हें न कर्मों के करने का आग्रह होता है, न त्यागने का; क्योंकि आत्मा में स्थित हो जाने पर उन्हें यह बोध हो जाता है कि कोई भी कर्म आत्मकृत नहीं, प्रत्युत प्रकृतिजन्य है।

राजा जनकजी कहते हैं कि मुझे ऐसा बोध हो जाने से अब अनाग्रह, जो कर्म करना आ पड़ता है, उसे कर लेता हूँ, इसलिए मैं सुखपूर्वक स्थित हूँ।

जहाँ शरीर में आसक्ति है वहाँ अहंकार भी मौजूद रहता है, कर्ता के रहते जो भी किया जाएगा, वह कर्म ही है।

निष्कर्म का अर्थ है–कर्ता का अभाव। कर्म को छोड़ना, कर्म का अभाव या निष्क्रियता निष्कर्म नहीं है। जहाँ कर्म के पीछे उद्देश्य फलाकांक्षा नहीं है, वही निष्कर्म है। निष्कर्म अपेक्षा-रहित होता है।

कर्म छोड़ना ईश्वरीय कार्य में बाधा पहुँचाना है। कर्म को ईश्वरीय कार्य समझकर करना चाहिए। कर्ता केवल परमात्मा है, सबकुछ उसके नियम से चल रहा है।

जीवन और कर्म एक-दूसरे के पूरक हैं। या तो दोनों रहेंगे अथवा दोनों छूटेंगे। कर्तापन से मुक्त होकर निमित्त मात्र बनकर कर्म करो। कुछ पाने के लिए कर्म करना सौदेबाजी है। एक बार हनुमान चालीसा पढ़कर फिर हनुमानजी के सामने लंबा-चौड़ा माँग-पत्र रख देना कोई साधना नहीं है। माँगना संसार है, नहीं माँगना साधना है।

शरीर के लिए आवश्यक कर्म करनेवाला, स्वाभाविक रूप से कर्म करनेवाला कर्म करते हुए भी कर्म-बंधन से मुक्त रहता है। अज्ञानी निष्कर्म की साधना भी शरीर में आसक्त होकर ही करेगा। अत: यह दोनों भाववाला होने से दोनों ही उसके लिए बंधन-स्वरूप हैं।

राजा जनक कहते हैं कि मैं इस देह के संयोग और वियोग दोनों से पृथक् चैतन्य आत्मा में स्थित हूँ, इसीलिए मैं सुखपूर्वक स्थित हूँ। अब कर्म, निष्कर्म आदि मेरे बंधन नहीं।

अहंकार एवं उसका परिणाम

अहंकार मनुष्य को जन्म से ही मिलता है। संसारी यदि अहंकारी है तो आश्चर्य नहीं, क्योंकि संसार का सारा खेल अहंकार का है। संसारी की अपेक्षा धार्मिक व्यक्ति में अहंकार अधिक होता है।

अहंकारी हमेशा दूसरों का ध्यान अपनी ओर आकर्षित करना चाहता है। हम अपना भोजन, वस्त्र, मकान आदि का उपयोग भी उपयोगिता के आधार पर न करके अहंकार की तुष्टि के लिए करते हैं। ज्यों-ज्यों अहंकार बढ़ता है, व्यक्ति की श्रेष्ठता कम होती जाती है।

मनुष्य भी प्रकृति का अंग है। प्रकृति के अन्य सभी अंग निरुद्देश्य जी रहे हैं, किंतु मनुष्य ने अपने जीवन का उद्देश्य निश्चित कर लिया है। उद्देश्य निश्चित करने से संघर्ष आरंभ होता है, जैसे–धन-संचय करने का उद्देश्य है, तब शोषण, बेईमानी, भ्रष्टाचार आदि के रूप में संघर्ष अनिवार्य है। जो कार्य स्वभाव से होते हैं, उनमें अहंकार निर्मित नहीं होता।

राजा जनक कहते हैं कि मैं आत्मज्ञान को उपलब्ध हो गया हूँ, जो मेरा स्वभाव है। लाभ-हानि, अर्थ-अनर्थ की दृष्टि से नहीं जी रहा हूँ। अब मेरे लिए ठहरने, चलने से या सोने का न कोई अर्थ है, न अनर्थ। ये कार्य स्वभाव से हो रहे हैं। ऐसा करके मैं सुखपूर्वक स्थित हूँ।

इसी क्रम में राजा जनक कहते हैं कि मेरे सारे कर्म अब स्वभाव से अपने आप हो रहे हैं। प्रकृति के विरुद्ध कोई कर्म नहीं हो रहा है।

स्वभाव से जितना आवश्यक एवं अनिवार्य है, उसमें लाभ-हानि की चिंता एवं उद्देश्य-निर्धारण ही अशांति का कारण है। ज्ञानी इससे पार हो जाता है, जिससे उसे परम शांति मिल जाती है, जबकि संसारी इनसे दुःखी, पीड़ित एवं तनावग्रस्त रहता है।

अज्ञानी संसार में दुःख-ही-दुःख देखता है। उसे संसार में सुख कहीं दिखाई नहीं देती। वह दूसरे को दुःख देकर भी स्वयं सुख प्राप्त करना चाहता है।

राजा जनक कहते हैं कि मैंने अनेक परिस्थितियों और अनेक जन्मों में देख लिया कि जैसे दुःख अनित्य है, वह भी नष्ट होगा; उसी प्रकार सुख

भी अनित्य है, वह भी सदा नहीं रहेगा। यह सृष्टि का नियम है। अज्ञानी इन द्वंद्वों में पड़कर परेशान, चिंतित व दुःखी रहता है।

ज्ञानी इनसे पार हो जाने से सदा आनंद में स्थित हुआ सुखपूर्वक जीता है। यह अवस्था ही मोक्ष या निर्वाण की अवस्था है।

□

चौदहवाँ प्रकरण

साक्षी पुरुष (आत्मा) को जानने के बाद मुक्ति की चिंता तिरोहित हो जाती है।

पिछले दो प्रकरणों में राजा जनक ने अपनी अनुभूति का वर्णन करते हुए बताया कि आत्मा को जान लेने मात्र से सिद्धि नहीं मिलती, प्रत्युत उसे उपलब्ध कर लेना ही सिद्धि है। उपलब्धि के बाद भी चित्त की चंचलता को पूर्णरूपेण शांत करने के लिए उसमें निरंतर स्थिर रहना आवश्यक है, जिससे अनेक जन्मों के संस्कार-स्वरूप उत्पन्न वासना के बीज को पूर्णत: नष्ट किया जा सके।

इस प्रकरण में राजा जनक आत्मज्ञान के बाद की स्थिति अर्थात् मुक्ति का वर्णन कर रहे हैं। वे कहते हैं कि आत्म-स्वरूप को उपलब्ध हुआ ज्ञानी स्वभाव से शून्य चित्तवाला होता है, क्योंकि उसके चित्त से समस्त कामना, वासना एवं संस्कारजन्य तरंगें शांत हो जाने से चित्त की चंचलता नष्ट हो जाती है। उसमें संकल्प-विकल्प के विक्षेप नहीं रहते ।

उपर्युक्त स्थिति को प्राप्त हुआ ज्ञानी सदैव जाग्रत् रहता है। सोते समय उसके शरीर का थोड़ा सा भाग एवं मस्तिष्क का थोड़ा सा भाग सोता है, थोड़ा विश्राम लेता है, किंतु उसकी चेतना कभी नहीं सोती। इसीलिए राजा जनक कहते हैं कि मैं आत्म-स्वरूप हूँ, अत: सोता हुआ प्रतीत होते हुए भी नित्य जाग्रत् हूँ। शरीर सोता है, आत्मा कभी नहीं सोती। इस प्रकार आत्मा में स्थित हुआ योगी संसार से मुक्त है।

राजा जनक इसी क्रम में बताते हैं कि आत्मज्ञानी के क्रियमाण कर्म

बंद हो जाते हैं, क्योंकि वह कर्ता नहीं रहता। अत: उसके कर्म संचित नहीं होते, यदि हैं भी तो आत्मज्ञान से नष्ट हो जाते हैं। किंतु प्रारब्ध कर्म, जिनसे यह शरीर एवं जीवन मिला है, को इस जन्म में आत्मज्ञान होने पर भी भोगने के बाद ही मुक्ति होती है।

राजा जनक कहते हैं कि इस जन्म में जो भोग मुझे विवशतावश भोगने हैं, वे ईश्वरीय विधान के अनुसार भोगने हैं। अत: मैं उनकी ही भावना अहंकार एवं कर्तापन से मुक्त होकर करता हूँ।

मनुष्य शारीरिक एवं मानसिक सुख-प्राप्ति हेतु विषयों की ओर क्यों प्रवृत्त होता है? इस सूत्र में राजा जनक इसका कारण बताते हैं कि यह आत्मज्ञान के सुख का अभाव ही है, क्योंकि उसे यह भ्रांति रहती है कि ये विषय ही उसे आनंद दे सकते हैं, जबकि वास्तव में ये विषय तथा इनसे प्राप्त होनेवाला सुख अनित्य है, वह सदा नहीं रहता।

ज्ञानी शाश्वत सुख को प्राप्त हो जाता है, फिर उसका इन अनित्य विषयों के प्रति कोई आकर्षण नहीं रहता, बल्कि इन्हें प्राप्त करने की इच्छा ही समाप्त हो जाती है।

राजा जनक कहते हैं कि जब मेरी स्पृहा (इच्छा) ही नष्ट हो गई तो अब मैं शून्य चित्तवाला हो गया हूँ। अब वासना की तरंगें नहीं उठतीं, मन उद्वेलित नहीं होता, अत: अब मेरे लिए धन, मित्र, विषय आदि तो क्या शास्त्र और ज्ञान भी अर्थहीन हैं; क्योंकि ये सब आत्मा की तृप्ति के लिए नहीं हैं। इनसे केवल मन, शरीर एवं अहंकार की ही तृप्ति होती है।

राजा जनक बहुत ही महत्त्वपूर्ण ज्ञान की बात बताते हुए कह रहे हैं कि समस्त सृष्टि का कारण एवं आधार एक ही चेतन है, जिसे भारतीय अध्यात्म ने ब्रह्म कहा है। यह ब्रह्म सत्य है, शाश्वत है, ज्ञान-स्वरूप एवं अनंत-स्वरूप है। इससे भिन्न कुछ भी नहीं है। समस्त प्राणि-जगत् के भीतर वही चेतन तत्त्व ब्रह्म विद्यमान है, जिसे आत्मा कहते हैं। देह, इंद्रियों आदि के संयोगवाला यह आत्मा ही जीव है। इस जीव एवं ब्रह्म का अभेद संबंध है।

ब्रह्म सर्वज्ञ है एवं जीव एकदेशीय एवं अल्पज्ञ है। इस अल्पज्ञ स्वरूप में जो चेतन तत्त्व आत्मा है, वही ईश्वर है। दोनों का अभेद संबंध केवल

चेतन में होता है। इस अभेद को जिसने जान लिया, वही मुक्त है। उसे मुक्ति की न तो साधना करनी पड़ती है और न ही चिंता।

राजा जनक कहते हैं कि शरीर-स्थित देह-इंद्रियों आदि का साक्षी पुरुष यह जीव ही आत्मा है। जिसने इस साक्षी पुरुष आत्मा को जान लिया, उसने इस परम+आत्मा अर्थात् परमात्मा को जान लिया, ईश्वर को जान लिया। उसे मुक्ति की चिंता नहीं रहती।

इस सूत्र का सार है—आत्मा एवं परमात्मा के अभेद का ज्ञान। यही ज्ञान की परम स्थिति है।

जो दोनों में भेद देखते हैं, परमात्मा को आत्मा से भिन्न समझते हैं, वे द्वैतवादी हैं, उन्हें चेतन आत्मा का ज्ञान नहीं हुआ। अद्वैत का अनुभव ही ज्ञान की अंतिम अनुभूति है।

राजा जनक अपनी अनुभूति के आधार पर कहते हैं कि आत्मज्ञानी पुरुष को सत्-असत्, मिथ्या-भ्रांति, नित्य-अनित्य, क्षणिक का शाश्वत आदि का ज्ञान हो जाता है, अत: वह सब बंधनों से मुक्त होकर स्वच्छंद आचरण करता है। वह किसी के प्रतिबंध को नहीं मानता, बल्कि स्व-विवेक से स्वाभाविक होकर जीता है। वह समस्त कामनाओं, वासनाओं, इच्छाओं के पार हो जाता है। उसका अंत:करण संकल्प-विकल्प से शून्य हो जाता है। यद्यपि बाहर से अन्य व्यक्तियों की ही भाँति दिखाई देता है, वैसा आचरण भी करता है, व्यावहारिकता, शिष्टाचार भी निभाता है; किंतु उसके भीतर बड़ा अंतर हो जाता है। उसे अपने ज्ञान का अहंकार नहीं होता। बाहरी आचरण मनुष्य की कसौटी नहीं हो सकता।

अष्टावक्रजी ने इसीलिए बाहरी आचरण से मनुष्य की परीक्षा करनेवाले को चर्मकार की संज्ञा दी, जो केवल चमड़ी का पारखी है।

राजा जनक कहते हैं कि ज्ञानी की आंतरिक स्थिति को दूसरा ज्ञानी ही जान सकता है। आचरण बदलने से ज्ञान नहीं होता। आचरण ज्ञान की छाया है। भीतर शुद्ध होने पर आचरण अपने आप ठीक हो जाता है। आचरण को ठीक करना सामाजिक आवश्यकता एवं उपयोगिता है; किंतु इससे आत्मज्ञान नहीं होता। □

पंद्रहवाँ प्रकरण

(गुरु अष्टावक्रजी का दीक्षांत रूप में जनक को उपदेश)

अष्टावक्रजी राजा जनक को आत्मज्ञान की पुष्टि हेतु उपदेश देते हुए कहते हैं कि सत्त्व बुद्धिवाले पुरुष का अंत:करण शुद्ध होता है, अत: थोड़े से उपदेश से ही उसे आत्मज्ञान हो जाता है; किंतु वासना-युक्त, राग-द्वेष, अहंकार, लोभ, मोह, घृणा आदि से भरे चित्त को निर्मल करने में काफी समय लगता है।

आत्मज्ञान बुद्धि से परे चेतना के अनुभव–जो ध्यान, समाधि अथवा बोध से प्राप्त होता है–के लिए सत्त्व बुद्धि होना जरूरी है। इस ज्ञान का अधिकारी मुमुक्षु होता है, जिज्ञासु नहीं।

आत्मज्ञान की कोई साधना नहीं है। केवल अज्ञान का जो आवरण है, उसे हटाना है। साधना द्वारा केवल सत्त्व बुद्धि प्राप्त होती है। इसके बाद गुरु के उपदेश से तत्त्व-बोध होता है। यह साधना एवं उपलब्धि का रहस्य है।

अष्टावक्रजी कहते हैं कि मोक्ष कोई ऐसी वस्तु नहीं है, जिसे किसी स्थान पर पहुँचकर प्राप्त किया जा सके; न यह कोई भोग है, जिसे भोगा जा सके। विषयों में विरसता ही मोक्ष है।

मन जब विषयों में आसक्त होता है तब बंधन है, यही संसार है। जब यह विषयों से विरस हो जाता है तब मुक्ति है।

अष्टावक्रजी राजा जनक को एक प्रकार का प्रमाण-पत्र देते हुए प्रमाणित कर रहे हैं कि तू मोक्ष को प्राप्त हो गया। अब तू जैसा चाहे वैसा कर,

क्योंकि संसार में अब तेरी कोई आसक्ति नहीं रह गई है।

तेरी इन विषयों में आसक्ति थी भी नहीं। तू मुमुक्षु था एवं शुद्ध अंत:करणवाला था, इसलिए तुझे शीघ्र ही आत्म-बोध हो गया है। अब तू चैतन्य आत्मा में स्थित है, तू आत्म-स्वरूप हो गया है; अत: अब तू शरीर नहीं है, न तेरा शरीर है, तू अब न भोक्ता है और न कर्ता; क्योंकि तू चैतन्य आत्मा है, जो नित्य एवं साक्षी है। इसलिए अब तू सुखपूर्वक विचरण कर।

अष्टावक्रजी कहते हैं कि भोग और मोक्ष दो धुरियाँ हैं, जो एक-दूसरे से विपरीत दिशा में जाती हैं, संसार है भोग एवं उसमें विरसता ही मोक्ष है।

जिसे भोगों में रुचि है, विषयों में रस आता है, उसके लिए यह तत्त्व-बोध, जो मुक्ति के लिए है, व्यक्त है; क्योंकि मुक्ति में कुछ मिलता नहीं है बल्कि सब अनावश्यक छूट जाता है। संसार में फिर इसका रस नहीं रहता, इसलिए उसका मन फिर विषय-भोग की ओर भागेगा, जिससे उसका पतन होगा।

अत: यह उपदेश ऐसे व्यक्ति के लिए है, जो भोगों से तृप्त हो गया है, संसार के समस्त कटु अनुभव से गुजर चुका है, जिसे स्वभावत: संसार से विरक्ति हो गई है, वही इसका लाभ उठा सकता है, अन्य कोई नहीं।

शरीर, मन, बुद्धि आदि प्रकृतिजन्य हैं, जिनके भिन्न-भिन्न धर्म हैं। आत्मा चैतन्य-स्वरूप है, जिसके गुण-धर्म इनसे भिन्न हैं।

अष्टावक्रजी राजा जनक से कहते हैं कि तू आत्मज्ञानी है, अत: आत्मा ही तेरा कर्म एवं स्वभाव है। तू इसी के अनुसार आचरण करता हुआ सुखपूर्वक विचरण कर।

संसार में अनेकता का आभास होता है। मन हमेशा भिन्नता ही देखता है, क्योंकि उसकी दृष्टि सीमित है। इस प्रकार के मनवाला अज्ञानी भिन्नता देखता है। इसी से उसमें अहंकार और ममता होती है—राग, द्वेष, ईर्ष्या, लोभ, मोह होता है।

राजा जनक को अष्टावक्रजी बताते हैं कि चूँकि तू आत्मा को उपलब्ध हो गया है, इसलिए तुझे स्पष्ट रूप से ज्ञान हो गया है कि सभी भूत पदार्थ में आत्मा है तथा सब भूत आत्मा है। दोनों ही अभिन्न हैं। अत: तू अहंकार-

रहित एवं ममता-रहित है। अब तू सुखी हो।

संसार का सारा व्यवहार, सारे विषय-भोग, संयोग-वियोग, लेन-देन आदि तरंगवत् हैं; किंतु तरंग नहीं है, प्रत्युत महासागर है। ऐसा जानकर; तू ज्वर-रहित, संताप-रहित हो। तेरे सारे संताप का कारण इतना ही था कि तूने अपने को महासमुद्र नहीं, तरंग समझा; आत्मा नहीं, शरीर व मन समझा, जो तेरा अज्ञान था। अब ज्ञान-रूपी दीपक जल जाने से अज्ञानजनित अंधकार मिट गया है, जिससे तू संताप-रहित है।

अष्टावक्रजी राजा जनक से कहते हैं कि अब तू इस प्रकार की आत्म-स्थिति को प्राप्त हो गया, अतः सबसे श्रद्धा कर। जिसने प्रत्यक्ष अनुभव नहीं किया, केवल पुस्तकों से जाना है या किसी से सुना है वह तो अश्रद्धा कर सकता है; क्योंकि यह ज्ञान बुद्धि के परे है, केवल स्वानुभूति का विषय है। किंतु तुझे तो प्रत्यक्ष अनुभव हो चुका है, इसलिए तेरे लिए अश्रद्धा का कोई कारण नहीं है।

समुद्र से अनेक तरंगें उठती और गिरती हैं, विद्युत् से पदार्थ बनते व बिगड़ते हैं; किंतु उनका मूल तत्त्व सदा विद्यमान रहता है। विज्ञान भी यही कहता है कि पदार्थ एवं शक्ति अविनाशी हैं। शक्ति एवं पदार्थ का एक-दूसरे में रूपांतरण होता है।

अध्यात्म भी यही कहता है कि यह शरीर एक आकृति है, जो सत्त्व, रज एवं तम गुणों से लिप्त है। शरीर आता-जाता है, किंतु यह आत्मा नित्य एवं शाश्वत है। इसलिए अपने को शरीर न मानकर, उस नित्य आत्मा को जानकर इस बनने-बिगड़नेवाले शरीर के लिए सोच करना व्यर्थ है।

इसी संदर्भ में अष्टावक्रजी कहते हैं कि यह देह तो मरणधर्मा है। यह तो नष्ट होती है। इसे बचाने का कोई उपाय भी नहीं है। आना-जाना सृष्टि का नियम है। इसमें कोई अपवाद नहीं है, किंतु चैतन्य रूप आत्मा है। अतः यह आत्मा न नष्ट होगी, न इसकी वृद्धि होगी, यह जैसा है सदा वैसा ही रहेगा। हे जनक! यह आत्मरूप होने से नित्य है, अतः सुखी है।

अष्टावक्रजी इसी बात को दूसरी तरह से समझा रहे हैं कि जिस प्रकार इस अनंत सागर में अनेक प्रकार की तरंगें उठती और नष्ट होती हैं, किंतु

इससे समुद्र की न तो वृद्धि होती है, न नाश। इसी प्रकार तू आत्मा-रूपी महासमुद्र है, जिसमें चित्त की चंचलता के कारण विश्व-रूपी तरंगें उठती व नष्ट होती हैं, किंतु इनसे यह साक्षी आत्मा सदा अप्रभावित रहती है।

यह समस्त सृष्टि एक संयुक्त इकाई है; किंतु इसका केंद्र एवं धुरी एक है, जिसके सहारे यह संसार-चक्र चलता है।

इसी प्रकार यह आत्मा एक है, जिसकी धुरी पर यह शरीर-चक्र चल रहा है, जो शरीरस्थ आत्मा है। वही विश्वात्मा है, जिससे यह सृष्टि-चक्र चलता है। अत: आत्मा-परमात्मा, ब्रह्म, जीव-जगत्, जड़-चेतन भिन्न-भिन्न नहीं, प्रत्युत उसी एक की अभिव्यक्ति मात्र हैं। भिन्नता अहंकार के कारण प्रतीत होती है। उसी अहंकार से वासना का उदय होता है एवं वासना ही संसार है।

इसलिए अष्टावक्रजी राजा जनक से कहते हैं कि तू चैतन्य रूप आत्मा है, अत: यह जगत् तुझसे भिन्न नहीं है, फिर उस हेय और उपादेय (ग्रहण करने योग्य) की कल्पना तुझमें कैसे हो सकती है!

अष्टावक्रजी फिर कहते हैं कि आत्मा निर्मल है। उसमें दोष ही नहीं है। वह शुद्ध, अविनाशी, शांत है। उसमें तरंगें उठतीं ही नहीं तथा यह चैतन्य रूप आकाश की भाँति सर्वत्र है, सदा विद्यमान है। इसका न जन्म है, न कर्म है, न अहंकार है।

हे जनक! तू आत्मा है, इसलिए उपर्युक्त सभी गुण तेरे हैं। ये सारे विकार मन, शरीर और अहंकार के हैं, जिनसे तू भिन्न है।

अष्टावक्रजी कहते हैं कि उस सृष्टि के विभिन्न अवयवों में आत्मा ही एक मूल तत्त्व है। सब उसी की आकृति मात्र हैं। अत: आत्मा भिन्न नहीं है। तू चूँकि आत्मा ही है, अत: सृष्टि के समस्त पदार्थों में एक तू ही भासता है। यह भेद जो दिखाई देता है, वह शरीरों का है, आकृतियों का है वरना फूल-काँटे, मनुष्य और पशु-पक्षियों सभी में वह एक ही तत्त्व है। ऐसा जान लेने पर ही उपद्रव शांत होकर परम शांति उपलब्ध होती है।

यह संपूर्ण सृष्टि एक है, अखंड है, उस एक ही आत्मा का विस्तार है। इसमें भिन्नता कहीं नहीं है। नाम-रूपों की भिन्नता से अज्ञानी भिन्नता

देखता है। वह जीव और आत्मा में भेद देखता है। आत्मा और परमात्मा में भेद देखता है। यह भेद ही दुःख का कारण है, द्वैत दृष्टि के कारण ही दुःख का जन्म होता है। समग्र की अनुभूति हो जाना ही ज्ञान है, यही धर्म है, यही ब्रह्म है, समग्र ही जीवन है। इसी एकीकृत अस्तित्व को उपलब्ध होना ही धर्म है।

यह धर्म की पराकाष्ठा है कि आत्मा एक है। सब उसी का विस्तार है। वही सर्वत्र व्याप्त है।

भिन्नता की प्रतीति अज्ञान है एवं एकत्व का अनुभव हो जाना ही ज्ञान है। यही मुक्ति है। एक की अनुभूति से ही सभी संकल्प गिर जाते हैं एवं मनुष्य सुखी व शांत हो जाता है।

इसी क्रम में अष्टावक्रजी कहते हैं कि हे जनक! तुझे विश्व की अपने से भिन्न प्रतीति हो रही है। तू अपने को संसार से भिन्न समझता है। यह दो का विभाजन ही अज्ञान है। इसी अज्ञान के कारण यह विश्व है। इसी प्रकार संसारी और असंसारी का भेद भी अज्ञान के कारण है। जो तू है, वही विश्व है और ये सभी आत्मा। अतः तू ही सबकुछ है, तेरे अतिरिक्त (तुझ आत्मा) कोई दूसरा है ही नहीं। यही ज्ञान परम सत्य है। सत्य एक ही है।

यह आत्मा संसारी भी नहीं है, क्योंकि यह संसार में लिप्त नहीं है। यह असंसारी भी नहीं है, क्योंकि संसार उसी की अभिव्यक्ति है।

ज्ञानी एवं अज्ञानी में भेद

इस संसार में दो ही प्रकार के व्यक्ति हैं—एक अज्ञानी, दूसरा ज्ञानी। उनकी संसार के प्रति दो दृष्टियाँ हैं।

अज्ञानी की दृष्टि में

संसार ही सत्य है, संसार में अनेकता एवं भिन्नता है। उसे प्राकृतिक, मानसिक, शारीरिक, बौद्धिक, नैतिक एवं धार्मिक आदि अनेक स्तरों पर भिन्नता दिखाई देती है। आत्मा में और परमात्मा में भी भिन्नता दिखाई देती है। उसका सारा ज्ञान इंद्रियगत है। जो इंद्रियों एवं बुद्धि की पकड़ में आता

है, उसी को वह सत्य मानता है। वह ब्रह्म, आत्मा, ईश्वर की सत्ता में विश्वास नहीं करता। ऐसा व्यक्ति वैज्ञानिक, भौतिक मात्र है; किंतु वह सच्चा है, ईमानदार है। उसने जैसा जाना वैसा ही सत्य एवं ईमानदारी से कह दिया।

ज्ञानी की दृष्टि में

उसी ने ब्रह्म, आत्मा, ईश्वर आदि को जाना, जिससे वह कहता है कि ये ही सत्य हैं, जगत् मिथ्या है, भ्रांति मात्र है, यह अनित्य है, इसलिए इसका मूल्य नहीं। शाश्वत एवं सनातन का ही मूल्य है।

ज्ञानी ऐसा जानकर शांति को प्राप्त होता है, जबकि अज्ञानी संसार को सत्य मानने के कारण अशांत ही बना रहता है। ज्ञानी एवं अज्ञानी में यही अंतर है।

अष्टावक्रजी बता रहे हैं कि विश्व भ्रांति मात्र है—और कुछ नहीं। जो वासना-रहित हो गया, अहंकारशून्य हो गया, वही अपने भीतर स्थित चैतन्य आत्मा को जान लेता है। ऐसा ज्ञान होने पर उसे यह विश्व भ्रांति लगता है। इसको अष्टावक्रजी स्पष्ट करते हुए कहते हैं कि इसका अर्थ यह नहीं है कि यह सृष्टि ही भ्रांति है, यह है ही नहीं, प्रत्युत इसका अर्थ है कि इसके साथ हमारे जो रागात्मक संबंध हैं, जो आसक्ति है, लगाव है, वह सब भ्रांति है।

बंधन में तीन का होना आवश्यक है—एक जो बँधता है, दूसरा जिसे बाँधा जाता है, तीसरा वह जो बाँधता है।

अज्ञानी जीव ही बंधन में है। संसार के प्रति उसकी आसक्ति, मोह एवं वासना ही बंधन हैं, जिनसे व्यक्ति अज्ञानवश स्वयं ही बँधता है। संसार कभी किसी को नहीं बाँधता।

ज्ञान की प्राप्ति के बाद ज्ञानी की दृष्टि बदल जाती है; वह अपने को शरीर, मन एवं अहंकार से परे शुद्ध चैतन्य आत्मा जान लेता है, जिससे सृष्टि एवं आत्मा का भेद ही समाप्त हो जाता है। अज्ञान का परदा हट जाता है। फिर वही एक चैतन्य मात्र रह जाता है। जब एक ही है तो न बंधन है और न मोक्ष।

अष्टावक्रजी कहते हैं कि तू अज्ञानवश देहाध्यास के कारण अपने को चैतन्य आत्मा से भिन्न शरीर समझता था। यही तेरा बंधन था। अब न बंधन है, न मोक्ष; तू कृतकृत्य हो गया है, अतः सुखपूर्वक विचर। आत्मा का स्वभाव ही मुक्त है।

चित्त का स्वभाव है संकल्प एवं विकल्प। जब उसमें संकल्प-विकल्प की तरंगें उठती हैं तो चित्त क्षोभित एवं उद्वेलित होता है। इन तरंगों का नाम ही मन है।

संकल्प एवं विकल्पों के कारण ही विचार पैदा होते हैं, फिर मनुष्य कर्म करता है। अहंकार के कारण वह कर्ता बन जाता है, जिससे कर्मों का बंधन होता है, फिर पूरा कर्म-जाल निर्मित हो जाता है। वही संसार है, जो बंधन का कारण है।

इसलिए अष्टावक्रजी राजा जनक से कहते हैं कि तू चैतन्य आत्मा है। तेरा बंध और मोक्ष नहीं, तू एक ही है और शांत है। यह आत्मा तेरा स्वरूप है, जिसे तू उपलब्ध हो गया है। अतः अब तू शांत होकर अपने स्वरूप आत्मा में सुखपूर्वक स्थित हो।

अष्टावक्रजी फिर कहते हैं कि ध्यान-धारणा और समाधि अज्ञानियों के लिए है, जो ज्ञान-प्राप्ति के साधन हैं। तू उस आत्मज्ञान को प्राप्त हो गया है, अतः अब इन सबका त्याग कर। अब हृदय में कुछ भी धारण मत कर। जब ध्यान कहीं भी नहीं रह जाता तो चित्त शून्य हो जाता है। यही निर्विकल्प समाधि है। यहीं आत्मा एवं परमात्मा की अनुभूति होती है।

□

सोलहवाँ प्रकरण

(ज्ञान का विस्मरण मुक्ति है)

अष्टावक्रजी राजा जनक को तत्त्वज्ञान का उपदेश देते हुए कह रहे हैं कि शास्त्र अनेक प्रकार के हैं, जिनमें विभिन्न मत हैं। ये शास्त्र केवल मार्गदर्शक हो सकते हैं, जिनके आधार पर लक्ष्य तक पहुँचने की योजना बनाई जा सकती है, अन्यथा इनका कोई उपयोग नहीं है। ज्ञान तो स्वयं के भीतर है, जिसे उपलब्ध करना है। वह उपलब्ध तो है ही देखना मात्र।

तुम्हारा मन वासना एवं विचारों की तरंगों से इतना भर गया है कि उसमें आत्मा का विभव दिखाई नहीं दे रहा है। अतः चित्त को तरंगों से रहित करना है। ये विचार ही तरंगें पैदा करते हैं।

मन के भरने से आत्मज्ञान नहीं होता, उसके खाली करने से होता है। संग्रह अथवा परिग्रह चाहे धन का हो, यश का हो, मान-सम्मान का हो या विचारों का, यह संग्रह ही बाधा है, जिससे व्यक्ति आत्मज्ञान से वंचित रहता है।

शास्त्रों के अध्ययन से जो प्राप्त ज्ञान है, उसका भी विस्मरण करना पड़ेगा, तभी तुझे शांति प्राप्त होगी। स्मृति से मुक्त होकर चैतन्य आत्मा में स्थित हो जाना ही मुक्ति है। निर्विकार चित्त की अवस्था में ही ज्ञान होता है। यह मौन में ही उपलब्ध होता है।

चित्त का स्वभाव ही चंचलता है। वह हमेशा विषयों की ओर लोभायमान रहेगा। वह विभिन्न भोगों के भोगने पर भी तृप्त नहीं होता, विभिन्न कर्मों के करने से भी कभी शांत नहीं होता। अधिकाधिक प्राप्त करने की उसकी

इच्छा बनी ही रहती है।

इसलिए हे जनक! तू विज्ञ है, ज्ञानस्वरूप है, अतः चित्त की इस चंचलता को समझ, उससे प्रभावित मत हो।

अष्टावक्रजी कहते हैं कि संसार में धन, यश, पद, प्रतिष्ठा, ज्ञान, विद्वत्ता, ऐश्वर्य, समृद्धि आदि प्रयास से ही मिलते हैं। बिना प्रयास के यहाँ कुछ भी नहीं मिलता।

मानव इन प्रयासों का इतना अभ्यस्त हो गया है कि वह परमात्मा को भी जप, तप, योग, साधना, हठयोग, मंत्र, भक्ति, स्मरण-पूजन आदि के प्रयासों से प्राप्त करना चाहता है। किंतु परमात्मा प्रयासों से नहीं मिलता, ढूँढ़ने से नहीं मिलता; क्योंकि वह कहीं खोया नहीं है, वह तो भीतर ही है, जिसे देखना मात्र है। वह विस्मृत है। उसे पुनः स्मृति में लाना मात्र है।

परमात्मा को पाने का मार्ग संघर्ष नहीं, समर्पण है। प्रयास में कर्तापन है, जिससे अहंकार पनपता है। अहंकार और परमात्मा एक साथ नहीं हो सकते।

चित्त को संकल्प-विकल्पों, विचारों, मान्यताओं, सिद्धांतों, संप्रदायों आदि से सर्वथा मुक्त कर देना है, जिससे उसमें तरंगें ही न उठें। यही मार्ग है।

यदि कोई इस रहस्य को जान लेता है तो वह चित्त की शांति को प्राप्त होकर आत्मज्ञानी हो सकता है।

समर्पण ही प्रभु का द्वार है और संघर्ष संसार का।

अष्टावक्रजी इसी क्रम में कहते हैं कि सब लोग प्रयास से दुःखी हैं। प्रयास मात्र दुःखों का कारण है। प्रयास में कर्तापन होता है, अहंकार होता है, जिससे तनाव होगा। कर्म में आनंद नहीं आएगा, क्योंकि दृष्टि कर्म पर नहीं, फल-प्राप्ति पर ही रहेगी।

फलाकांक्षा की चिंता न कर कर्म को स्वाभाविक रूप, आनंद समझकर करनेवाला, ईश्वर की आज्ञा समझकर करनेवाला सदा सुखी एवं तनावों से मुक्त व आनंदित रहेगा।

ज्ञान की प्राप्ति के लिए कर्म त्याज्य नहीं; किंतु प्रयास, कर्तापन एवं

अहंकार त्याज्य हैं।

अष्टावक्रजी कहते हैं कि जो किए कर्म हैं, उनके फल की आकांक्षा से चित्त उद्वेलित रहता है। अच्छे-बुरे किए कर्मों का फल भी अच्छा-बुरा होता है, जिससे दु:ख-सुख का अनुभव होता है। किए हुए कर्म मन पर अपना स्थायी प्रभाव भी छोड़ते हैं, जिन्हें संस्कार कहते हैं। ये संस्कार अनेक जन्मों तक पीछा नहीं छोड़ते। उन्हें भोगे बिना मुक्ति नहीं होती।

अत: अष्टावक्रजी कहते हैं कि जो किया और नहीं किया, इन दोनों के द्वंद्व से जब मन मुक्त हो जाता है तो वह धर्म, अर्थ, काम और मोक्ष के प्रति भी उदासीन हो जाता है। मोक्ष की भी यदि चाह है तो चित्त शांत नहीं होगा। अत: मात्र चाह छोड़ देना ही मुक्ति है।

जो व्यक्ति विषयों का लोलुप है, वही रागी है। उसे हर समय भोगों की ही आकांक्षाएँ बनी रहती हैं। वह दूसरे का भी अहित करके सुखी होना चाहता है।

इसी प्रकार जो विषयों से द्वेष करता है, उसे विरक्त कहते हैं। ऐसा विरक्त भी शांत नहीं है। उसका चिंतन विषयों को गाली देने में ही चलता रहता है।

अत: भोगनेवाले एवं ये तथाकथित त्यागी दोनों ही समान रूप से अशांत हैं। मोक्ष वह है, जिसमें मन पूर्णत: शांत हो जाए, निर्द्वंद्व हो जाए, विचार एवं विकल्प शून्य हो जाए।

इसलिए अष्टावक्रजी कहते हैं कि जो राग और विराग, ग्रहण एवं त्याग, संसार और संन्यास, भोग एवं त्याग, आसक्ति एवं विरक्ति जैसे द्वंद्वों से रहित है वही वीतरागी है, अनासक्त है, वही निर्द्वंद्व है। चित्त की ऐसी शांत दशा ही मोक्ष है।

तृष्णा ही अविवेक की दशा है। त्याग भी यदि उच्च भोग के लिए किया जाए; स्वर्ग, मोक्ष आदि के लिए किया जाए तो यह बड़ी तृष्णा है। तृष्णा ही संसार है एवं उसका त्याग मुक्ति है। सांसारिक पदार्थ छोड़ने से मुक्ति नहीं होती। तृष्णा से ही मन में तरंगें उठती हैं। जब तक तरंगें हैं तब तक शांति तथा मुक्ति नहीं है।

संसार से मुक्ति के लिए दो मार्ग बताए जाते हैं। एक है प्रवृत्ति मार्ग, दूसरा निवृत्ति मार्ग।

प्रवृत्ति मार्ग

प्रवृत्ति मार्गवाले कहते हैं कि भोग से ही मुक्ति होती है। प्रारब्ध कर्मों के कारण ही यह जीवन मिला है। अत: इन कर्मों को भोगे बिना मुक्ति संभव नहीं है। वे यह भी कहते हैं कि जिससे मुक्त होना है, उसे पूरी तरह भोग लो, जिससे उसके प्रति घृणा व अरुचि हो जाएगी और तुम मुक्त हो जाओगे।

निवृत्ति मार्ग

इस मार्ग के लोग कहते हैं कि भोगों से विषय-वासना शांत नहीं होती, जितना भोगो उतनी ही वासनाएँ बढ़ती जाएँगी। वासना कभी पूरी नहीं होती। इच्छाएँ अनेक हैं। वे भोग से कभी शांत नहीं होंगी। इसलिए निवृत्ति ही भोग है। इन्हें छोड़ देना ही मार्ग है। यह दृढ़ संकल्प से ही संभव है।

अष्टावक्रजी एक बड़ी क्रांतिकारी तीसरी बात कहते हैं। वे प्रवृत्ति और निवृत्ति दोनों को ही वासना मानते हैं। वे कहते हैं कि प्रवृत्ति से राग पैदा होता है और निवृत्ति से आसक्ति बढ़ती है। छोड़ भागने से, हठपूर्वक त्याग करने से, अधिक पाने की इच्छा से, क्षुद्र का त्याग करने से, मोक्ष के लिए संसार एवं विषयों को छोड़ देना भी वासना एवं तृष्णा ही है। ऐसी तृष्णा का होना ही बंध है, निवृत्ति से भी द्वेष होता है।

अत: आत्मज्ञानी पुरुष प्रवृत्ति और निवृत्ति दोनों से मुक्त होकर, बालक के समान निर्द्वंद्व होकर सरल एवं स्वाभाविक जीवन जीता है। स्वभाव से जो होता है, वह कर लेता है। वासना-युक्त होकर आग्रह एवं हठपूर्वक कर्म नहीं करता, न त्याग करता है।

अष्टावक्रजी कहते हैं कि वह पुरुष भी रागी ही है, जो दु:खों से बचने के लिए संसार को त्यागना चाहता है; किंतु संसार छोड़ने से दु:ख समाप्त नहीं होते। दु:ख का कारण शरीर व मन, वासना एवं तृष्णा हैं, जिनके रहते

वन में रहते हुए भी शांति नहीं मिल सकती। वहाँ तो और अधिक बेचैनी होगी। संसार की तृष्णा छोड़कर मोक्ष की तृष्णा को पकड़ना भी दु:ख है। इसलिए वीतरागी होना ही एकमात्र दु:ख-निवृत्ति का उपाय है। वास्तव में सुख-दु:ख पदार्थों में नहीं, अपनी मन:स्थिति में हैं। विषयों का रागी ही उनकी पूर्ति न होने पर दु:खी होता है।

अष्टावक्रजी बताते हैं कि योगी क्रिया से लक्ष्य तक पहुँचता है; यम, नियम, आसन, प्राणायाम करता है। विधिपूर्वक एक-एक सीढ़ी पार करता हुआ वहाँ तक पहुँचता है, अत: उसके गिरने का भय नहीं होता। यदि गिरा भी तो एक सीढ़ी नीचे रुक जाता है।

दूसरा योगी ज्ञानी है, जो बिना क्रिया के पहुँचता है, बोध मात्र से पहुँचता है। वह सीधे ही अस्तित्व से अनस्तित्व में छलाँग लगाता है। वह क्रिया एवं साधना को भी बंधन मानता है, क्योंकि समस्त क्रियाएँ अहंकार को बढ़ाती हैं।

इसलिए अष्टावक्रजी कहते हैं कि यदि ज्ञान को भी उपलब्ध हो गया, तब भी यदि उसका मोक्ष के प्रति अहंकार हो गया कि मैं अब मुक्त हो गया हूँ, मैं ब्रह्म हो गया हूँ आदि तो ऐसा व्यक्ति न ज्ञानी है, न योगी प्रत्युत वह दु:ख का भागी ही होगा।

अष्टावक्रजी कहते हैं कि मुक्ति का अर्थ विस्मरण ही है। जो संसार एवं संस्कारों से अर्जित हैं, उन सबका विस्मरण कर देना ही मुक्ति है। जब तक इनकी थोड़ी सी भी स्मृति शेष है तब तक मोक्ष नहीं, क्योंकि संसार बंधन नहीं, यह स्मृति ही बंधन है।

स्मरण का अर्थ है दो का विद्यमान होना—एक, स्मरण करनेवाला और दूसरा, जिसका स्मरण किया जाता है। अत: दो के रहते मुक्ति नहीं। यहाँ तक कि जिस गुरु की कृपा से ज्ञान उपलब्ध हुआ है, उसका भी विस्मरण करना है, अन्यथा वह गुरु भी बंधन हो जाता है। इसके बिना शांति एवं मुक्ति नहीं मिल सकती।

□

सत्रहवाँ प्रकरण

(तत्त्व-ज्ञान का अधिकारी कौन)

सभी प्रकार की साधनाओं का फल ज्ञान है। भक्ति हो; उपासना, ध्यान, समाधि, योगाभ्यास अथवा सांख्य हो–सबकी अंतिम उपलब्धि ज्ञान ही है। ज्ञान का फल ही मुक्ति है।

किंतु ज्ञान की प्राप्ति के बाद यदि पुरुष तृप्त नहीं है। उसमें वासना अभी भी है, वह उद्विग्न है, चिंतित है तो इसका अर्थ है कि ज्ञान प्राप्त करके भी वह उसका पूर्ण लाभ प्राप्त नहीं कर सका।

अष्टावक्रजी कहते हैं कि आत्मज्ञान एवं योगाभ्यास से जो स्वचेतना को उपलब्ध हो गया, वह अपने आपसे तृप्त हो जाता है। उसकी इंद्रियाँ विषयों की ओर नहीं भागतीं, वह यथाप्राप्य से गुजारा कर लेता है। शरीर के लिए जो आवश्यक है, उतना ही लेकर संतुष्ट हो जाता है तथा वह एकाकी रमण करता है। ऐसे ज्ञानी एवं योगी को ही अपने आत्मज्ञान का फल मिलता है।

जब तक कोई व्यक्ति ज्ञान को प्राप्त नहीं हो जाता है तब तक वह सभी शरीरों को भिन्न-भिन्न समझता है। हर व्यक्ति के मानसिक एवं शारीरिक स्वास्थ्य के लिए स्थान चाहिए। स्वस्थ मन एवं मस्तिष्क एकांत में ही रह सकता है। दूसरों की उपस्थिति से मानसिक तनाव पैदा होता है, अहंकार बढ़ता है।

अष्टावक्रजी कहते हैं कि जो तत्त्वज्ञानी हैं, वे जगत् की भीड़-भाड़ में रहकर भी कभी खेद को प्राप्त नहीं होते, क्योंकि उनकी दृष्टि में समस्त

ब्रह्मांड उसी एक परमात्मा का विस्तार है। आत्मज्ञानी को एकत्व की भावना का अनुभव हो जाने से वह सर्वदा चिंतामुक्त रहता है।

विषयों में आनंद है, उनसे सुख मिलता है, यह निर्विवाद है; क्योंकि यदि विषयों में सुख नहीं होता तो यह संसार पागलों की तरह उनके पीछे क्यों दौड़ता? कुछ लोगों का कहना है कि संसार छोड़ दो, सबकुछ छोड़ दो, सुख मिल जाएगा। किंतु आज तक संसार को छोड़कर भी किसी को सुख नहीं मिला, बल्कि जो था वह भी छूट गया।

अष्टावक्रजी इसी तथ्य को और स्पष्ट करते हुए कहते हैं कि विषयों के सुख क्षणभंगुर हैं। इन सुखों की प्राप्ति के लिए अनीतिपूर्ण कार्य करने पड़ते हैं, जिनका परिणाम भोगने में दुःख होता है। अतः संसार में कोई ऐसा सुख नहीं है, जिसके साथ दुःख संयुक्त नहीं।

आत्मा का सुख चिरस्थायी है, वह सुख स्वयं का है, इसलिए जिसने आत्मानंद का स्थायी सुख प्राप्त कर लिया, जो नित्य आत्मा में रमण करनेवाला हो गया, उसे ये संसारी सुख फीके लगते हैं।

अष्टावक्रजी का सारा उपदेश साधना सूत्र नहीं बल्कि सिद्ध व्यक्ति, आत्मज्ञानी के लिए कहे गए सूत्र हैं। जो इन्हें साधना सूत्र मान लेगा, उसका भटकना संभव है।

इस सूत्र में अष्टावक्रजी कहते हैं कि आत्मज्ञान को उपलब्ध व्यक्ति संसार में दुर्लभ है। 'गीता' में भी कहा है—''हजारों मनुष्यों में कोई एक ही अंतःकरण की शुद्धि के लिए यत्न करता है, फिर कोई विरला ही आत्मा को यथार्थ जानता है। ऐसे ही आत्मज्ञानी भोगे हुए विषयों के प्रति वासना नहीं रखते, क्योंकि वे स्मृति से मुक्त हो जाते हैं।''

जब चित्त सभी प्रकार के विक्षेपों से शांत हो जाता है तो वह मुक्ति है। वासना के कारण ही चित्त में तरंगें उठती हैं। ये तरंगें सांसारिक विषय-वासना की हों, चाहे मोक्ष-प्राप्ति की आकांक्षा की—तरंगें ही हैं। इनसे प्रभावित मनुष्य का मन अशांत ही रहता है।

सभी साधु-संन्यासी इत्यादि संसार छोड़ने का उपदेश देते हैं, खाना-पीना, घर-बार छोड़ने को कहते हैं; किंतु इस रहस्य को कोई नहीं बताता कि

वास्तव में संसार बंधन नहीं है, इच्छाएँ मात्र बंधन हैं। इन्हें छोड़ना ही मुक्ति है।

अष्टावक्रजी कहते हैं कि भोग एवं मोक्ष दोनों के प्रति जो निराकांक्षी है, जिसकी इन दोनों के प्रति इच्छा नहीं, ऐसा व्यक्ति ही मुक्त है।

आत्मज्ञानी ही उदार चित्तवाला होता है, क्योंकि उसी को इस संपूर्ण सृष्टि में एक आत्मा दिखाई देती है।

अज्ञानी को सब भिन्नताएँ ही दिखाई देती हैं, जिसके कारण उसका कोई कार्य निरुद्देश्य नहीं होता। वह फल प्राप्त करना चाहता है, इच्छाओं एवं वासनाओं से ग्रसित रहता है, अत: वह मुक्त नहीं है, न उदार चित्तवाला है।

केवल आत्मज्ञानी ही धर्म, अर्थ, काम और मोक्ष तथा जीवन-मृत्यु के प्रति भी हेय और उपादेय भाव नहीं रखता। अत: वही जीवन्मुक्त है। ऐसी स्थिति को प्राप्त हो जाना ही मोक्ष है।

दुनिया में बहुत से लोग हैं, जो सृष्टि की स्थिति एवं विलय से बहुत चिंतित रहते हैं, मानो सारी सृष्टि उन्हीं के चलाने से चल रही है। आज मनुष्य पतन की पराकाष्ठा पर पहुँच चुका है। वह पशु से भी बदतर हो गया है।

अष्टावक्रजी कहते हैं कि वह ज्ञानी धन्य है, जिसमें न विश्व के विलय की इच्छा है और न उसकी स्थिति के प्रति द्वेष, क्योंकि वह तो साक्षी हो गया, द्रष्टामात्र हो गया है।

एक ही चैतन्य आत्मा इस संपूर्ण सृष्टि का आधार है। इस चेतना से सर्वप्रथम बुद्धि उत्पन्न हुई। इस बुद्धि से अहंकार उत्पन्न हुआ तथा अहंकार के कारण जीव ने अपने को उस चैतन्य आत्मा से भिन्न अनुभव किया। यही अज्ञान उसका पाप बन गया।

यह बुद्धि उस विराट् आत्मा की एक छोटी सी किरण है। आत्मा महासागर है तो बुद्धि एक छोटा सा चम्मच। ऐसी बुद्धि से मनुष्य परमात्मा को नापना चाहता है। बुद्धि तर्क-वितर्क, सोच-विचार, प्रश्न-उत्तर, चिंतन-मनन का निर्णय तो कर सकती है, पर इससे विराट् को नहीं जाना जा सकता।

अष्टावक्रजी कहते हैं कि जो आत्मज्ञान से कृतार्थ अनुभव कर लेता है, उसकी बुद्धि गलित हो जाती है। वह क्षुद्र से विराट् बन जाता है। वह चिंता-वासना से मुक्त हो जाता है। जीवन संयुक्त है, किंतु बुद्धि के कारण ही भिन्नता दिखाई देती है। बुद्धि के गलित हो जाने पर ही सब संयुक्त दिखाई देता है। यही सत्य है, यही ज्ञान है। जहाँ बुद्धि की सीमा समाप्त होती है, वहीं चेतन का अनुभव होता है।

बुद्धि का अनुभव क्षुद्र का ही अनुभव है। उसका अनुभव संसार तक ही सीमित है, किंतु चेतना का अनुभव विराट् का अनुभव है। क्षुद्र से ऊपर विराट् को ही देखता है। ऐसे समग्र के द्रष्टा आत्मज्ञानी को संसार से न तृष्णा होती है, न विरक्ति। उसकी दृष्टि शून्य हो जाती है। शून्य दृष्टि में ही पूर्ण का आभास छिपा है। ऐसे ज्ञानी चेष्टा-रहित हो जाते हैं, क्योंकि जिसे सबकुछ मिल गया, फिर वह और क्या पाने की चेष्टा करे!

परम आनंद मिल जाने से क्षुद्र के क्षणिक सुख अपने आप छूट जाते हैं। मुक्त चेतनावाला व्यक्ति उस विराट् का अनुभव कर लेता है, जिसमें उसके समस्त सांसारिक कर्म जो वासना, तृष्णा, इच्छा, राग, द्वेष, अहंकार-तृप्ति आदि के लिए किए जाते हैं, छूट जाते हैं। वह सभी कर्मों का साक्षी मात्र रह जाता है। ज्ञान की यही परम दशा है।

चेतना की चार दशाएँ हैं—१. जागृति, २. स्वप्न, ३. सुषुप्ति, ४. तुरीय।

जागृति—इसमें कर्ताभाव एवं अहंकार होता है।

स्वप्न—इसमें कर्ताभाव एवं अहंकार क्षीण हो जाता है।

सुषुप्ति—इसमें उपर्युक्त भावों का अभाव हो जाता है।

तुरीय—इसमें व्यक्ति मिट जाता है, परमात्मा ही रह जाता है।

अज्ञानी अनेक प्रकार के द्वंद्वों में जीता है, जिसमें वह कभी स्वस्थ-शांत नहीं हो सकता। किंतु ज्ञानी हर्ष-विषाद, सुख-दुःख आदि द्वंद्वों से पार हो जाता है। अतः वह सदा स्वस्थ, शांत एवं विमल आशयवाला हो जाता है। वही 'वसुधैव कुटुम्बकम्' की भावना से भर जाता है। ऐसा व्यक्ति ही सर्वत्र सुशोभित होता है।

जो आत्मज्ञान को उपलब्ध हो गया, वह जीवन्मुक्त है। ऐसा व्यक्ति

वासनाओं से ऊपर उठ जाता है तथा सभी द्वंद्वों से पार हो जाता है। अत: वह हित एवं अहित से मुक्त रहता है। वह सभी कार्य करता हुआ भी उसमें लिप्त नहीं होता, क्योंकि कर्तापन का भाव तिरोहित हो जाता है।

परमात्मा सभी रसों का रस है। जिसे इसका आनंद मिल गया, उसे फिर संसार के सभी रस फीके ही लगते हैं। जो परमात्मा से तृप्त हो गया, उसे संसार से तृप्ति की आकांक्षा ही नहीं रहती।

इस परम तृप्ति की खोज धर्म है। धर्म उस चेतना को उपलब्ध होने का विज्ञान है। संन्यास एवं वैराग्य उसका आरंभ तथा जीवन्मुक्ति उसका अंत है। इस स्थिति में पहुँचा हुआ ज्ञानी द्रष्टा हो जाता है, भक्त डूब जाता है। दोनों की ही स्थिति एक हो जाती है।

सूफी-संतों ने भी साधना को निम्नवत् चार चरणों में विभक्त किया है—

१. **शरीअत**—इसमें विधि-विधान, तौर-तरीके, नियम-संयम, उपाय आते हैं।

२. **तरीफत**—इसमें अहंकार विसर्जित हो जाता है, साधना समाप्त हो जाती है।

३. **मारिफत**—इस चरण में साधक को परमात्मा की झलक मिलती है, किंतु द्वैत बना रहता है।

४. **हकीकत**—इस अंतिम चरण में अद्वैत की अनुभूति होती है, केवल ब्रह्म सत्य ही रह जाता है। यही वह मंजिल है जहाँ पहुँचने के लिए साधक साधना करता है।

यह मन ही बंधन का कारण है। मन की दो वृत्तियाँ मुख्य बताई गई हैं, जिससे वह कभी शांत नहीं हो पाता—

१. **राग एवं भय**—जीवन में राग है, आकर्षण है। विषयों में राग है, जिनमें काम सबसे शक्तिशाली है। काम से जीवन मिला है। वासना, कामना, सृजन की ऊर्जा ही काम है। यह सृष्टि काम का ही विस्तार है।

२. **मृत्यु का भय**—यह भी राग एवं वासना के कारण है। जिसने संसार को पूरा भोगा नहीं, अतृप्त है, उसी को मृत्यु का भय सर्वाधिक होता

है। जब राग एवं वासना छूट जाती है तब मनुष्य मृत्यु से भयभीत नहीं होता है।

अत: आसक्ति और भय एक ही सिक्के के दो पहलू हैं। अष्टावक्रजी कहते हैं कि प्रीतियुक्त स्त्री और मृत्यु को निकट देखकर भी जिस ज्ञानी का मन अविचल एवं स्वस्थ (शांत) रहता है, उसी को मुक्त कहना चाहिए।

इस प्रकार मन का संपूर्ण विकारों से रहित होना ही मुक्ति है।

सुख-दु:ख का भेद चाह के कारण है, वासना के कारण है। यदि चाह बदल जाए तो दु:ख सुख में एवं सुख दु:ख में परिणत हो जाता है।

आत्मज्ञानी शरीर को नहीं देखता, सर्वत्र आत्मा को ही देखता है। वह संपत्ति और विपत्ति को भी मन का ही प्रक्षेपण मानता है। आत्मज्ञानी समदर्शी होता है। वह इनसे प्रभावित नहीं होता, इसलिए वह अभेद दृष्टि से एक ही आत्मा का अनुभव करता है। ऐसा व्यक्ति ही मुक्त है।

जिसको आत्मज्ञान हो जाता है, जो परम तत्त्व को जान लेता है, उसका संसार खो जाता है, उसके प्रति उसका कोई आकर्षण नहीं रहता। उसके अपने भीतर वासना, मोह, ममता, स्वार्थ आदि के कारण संसार के प्रति जो हेय-उपादेय की दृष्टि होती है, वह बदल जाती है। ऐसा ज्ञानी सर्वत्र उपेक्षा भाव से अपने स्वभाव में, अपने में स्वानुशासन से स्वच्छंद जीता है।

ईश्वर भी ऐसा ही है। वह न दयावान् है, न करुणावान्; न हिंसक, न अहिंसक। वह न दंड देता है, न पुरस्कार देता है। उसने न तो सृष्टि बनाई है और न ही उसको चलाता है। वह अपने विशिष्ट नियमों से स्वत: चल रही है। इसलिए परमात्मा न कर्ता है, न भोक्ता। ज्ञानी भी ऐसा ही-ईश्वर तुल्य हो जाता है।

अष्टावक्रजी कहते हैं कि जीवन्मुक्त व्यक्ति परम भोगी है। वह संसार के क्षणभंगुर भोगों का त्याग करके आत्मानंद का शाश्वत भोग करता है। वह न विषयों से द्वेष करता है और न उनमें आसक्त होता है।

तथाकथित साधु विषयों से द्वेष करने के कारण दु:खी रहता है एवं संसारी उनमें (विषयों में) लोलुप रहने के कारण दु:खी, और जो नहीं मिला उसकी चिंता में दु:खी रहता है। वह हमेशा रोता ही रहता है। आनंदित होने

की कला वह जानता ही नहीं। ज्ञानी को जो कुछ प्राप्त है, उसका उपयोग करता है और अप्राप्त की चिंता नहीं करता, उसमें भी आनंदित रहता है।

चित्त जब तक उद्वेलित है, तभी तक संकल्प-विकल्प उठते हैं और तभी तक समाधान एवं असमाधान के विचार उत्पन्न होते हैं, तभी तक हित-अहित का ध्यान बना रहता है। यह सब अहंकार के कारण है।

जब चित्त शांत हो जाता है, शून्य हो जाता है तो उसमें विचार, वासना, कामना की तरंगें उठनी बंद हो जाती हैं। यही कैवल्य की स्थिति है। ऐसा व्यक्ति केवल आत्मा में स्थित रहता है।

अष्टावक्रजी कहते हैं कि जो व्यक्ति उपर्युक्त प्रकार की शून्यता को प्राप्त होकर आत्मा में स्थित हो जाता है, उसकी सब आशाएँ गलित हो जाती हैं। ऐसा व्यक्ति ज्ञान को उपलब्ध होकर किसी में ममता नहीं रखता, न उसमें अहंकार ही रहता है, मैं-पन का अभाव हो जाता है। उसका कर्तापन भी मिट जाता है। वह करते हुए भी कुछ नहीं करता। परमात्मा जो करवाता है, कर लेता है, ऐसा व्यक्ति अलिप्त रहता है।

राजा जनक से अष्टावक्रजी कहते हैं कि आत्मज्ञान में मुख्य बाधा मन है। कर्म, मोह, स्वप्न एवं जड़ता का आभास मन से ही होता है। अत: जिसका मन गलित हो गया, उसके कर्म, मोह, स्वप्न एवं जड़ता सब समाप्त हो जाते हैं। ऐसा व्यक्ति पूर्ण चैतन्य एवं जाग्रत् अवस्था में सदैव स्थित रहता है, जिसे 'कैवल्य अवस्था' कहते हैं। यही परमात्मा, भगवान्, ईश्वर, ब्रह्म, सत्य है और यही ज्ञान है।

□

अठारहवाँ प्रकरण

(आत्मज्ञान शतक)

अष्टावक्रजी सर्वप्रथम उस आत्मा अथवा ब्रह्म को नमस्कार करते हैं, जो एकमात्र है। सृष्टि में उससे भिन्न कुछ भी नहीं है। वह आत्म-स्वरूप शांत है और तेजोमय है।

वे कहते हैं कि जीव अपने को भ्रांति एवं अज्ञानवश आत्मा से भिन्न समझता है, किंतु जब उसके बोध का उदय होता है तब उसकी यह भ्रांति मिट जाती है। फिर उसे संसार मायावत्, स्वप्नवत्, मिथ्या, क्षणभंगुर, असत्य एवं अनित्य प्रतीत होने लगता है। यह सब केवल दृष्टि-परिवर्तन से होता है।

अज्ञानी को आत्मा का अनुभव न होने के कारण वह संसार को ही सत्य, नित्य एवं शाश्वत समझता है तथा विषयों के भोग में परम सुख मानता है। उसे आत्मा, परमात्मा, ब्रह्म, ईश्वर आदि भ्रांतिपूर्ण लगते हैं, माया दिखाई देती है।

ज्ञानी एवं अज्ञानियों की दृष्टि में यही अंतर होता है। यह तर्क से नहीं मिटाया जा सकता। ज्ञान के बोध से ही मिटाना संभव है।

समस्त भ्रांतियाँ आत्मज्ञान से मिटाकर ही व्यक्ति शांति का अनुभव करता है।

अष्टावक्रजी कहते हैं कि धन अनेक प्रकार के हैं। जमीन-जायदाद, हीरे-जवाहरात, हाथी-घोड़े आदि सभी धन हैं। यहाँ तक कि ज्ञान, विद्या, पांडित्य, कलाएँ आदि भी धन हैं। धनिकों का यह विश्वास है कि धन से

सबकुछ खरीदा जा सकता है।

किंतु अष्टावक्रजी का मत है कि धन से मनुष्य अतिशय भोगों को तो पा सकता है, परंतु वह सुखी नहीं हो सकता; क्योंकि सुख और आनंद कभी भी धन से नहीं खरीदे जा सकते। ये भीतरी अनुभव से प्राप्त होते हैं।

धन कमाना बुरा नहीं है, पर इसके लिए पागल हो जाना बुरा है। यही अशांति का कारण है। धन से सुख नहीं मिल सकता। सुख मिलता है उसके त्याग से। त्याग का अर्थ धन कमाना बंद करके आलसी एवं निकम्मा हो जाना नहीं प्रत्युत उसके प्रति आसक्ति का त्याग है। धन को असत्य, मिथ्या जान लेना ही उसका त्याग है। इसी से संतोष, शांति एवं सुख मिलता है। अतः सुख संग्रह में नहीं, त्याग में है। देने में जो सुख है, वह लेने में नहीं।

अष्टावक्रजी कहते हैं कि कर्तव्य अर्थात् कर्तापन से दुःख पैदा होता है, जिससे अंतर्मन जलता है, दुःखी होता है। इस दुःख की निवृत्ति का उपाय शांति रूपी अमृतधारा की वर्षा है, जिसके बिना मनुष्य सुखी हो ही नहीं सकता।

अहंकार-रहित होकर अपने को निमित्त मानकर स्वभावगत कर्मों को करने से शांति प्राप्त होती है।

संसार कैसा है?

अष्टावक्रजी कहते हैं कि संसार भावना मात्र है। संसार वास्तव में कैसा है, यह कोई नहीं जान सकता। मनुष्य वासना, मोह, आसक्ति, भय, राग, द्वेष आदि अनेक भावनाओं से भरा है, इसलिए संसार वैसा ही दिखाई देता है। अज्ञानी इसे सत्य समझ लेता है।

ज्ञानी कहता है कि यह संसार भावना मात्र है। परमार्थक : यह कुछ भी नहीं है। परमार्थ (परम+अर्थ में) आत्मा ही सत्य है, जगत् भ्रांति मात्र है। ज्ञानी अहंकार एवं वासना-शून्य होने से यह संसार उसके लिए अर्थहीन है, इसका उसके लिए कोई प्रयोजन ही नहीं है। यही संसार का वास्तविक स्वरूप है, जिसे ज्ञानी ही देखता है।

इसी संदर्भ में अष्टावक्रजी कहते हैं कि यह समस्त संसार कल्पना

मात्र है। मनुष्य अच्छी-बुरी जैसी कल्पना करता है, संसार उसे वैसा ही दिखाई देता है। कल्पना का नाम मन है।

आत्मा की स्थिति एवं उसकी विशेषता

अष्टावक्रजी कहते हैं कि आत्मा कहीं मंदिर, मसजिद, हिमालय, स्वर्ग आदि में नहीं है। वह स्वयं के भीतर ही है, वह तो सदा उपलब्ध ही है। स्वयं को पूर्ण जाग्रत् अवस्था में लाकर उसे प्राप्त किया जाता है। निर्विकल्प होकर उसे जान सकते हैं, विचारशून्य होने पर ही उसका ज्ञान होता है।

आत्मा निर्विकार है, निर्दोष है, अलिप्त है, सदा उपलब्ध है। वह विस्मृत है। उसे पुनः स्मृति में लाना मात्र है। यह आत्मा मुक्त और सनातन है।

अष्टावक्रजी कहते हैं कि आत्म-स्वरूप को उपलब्ध व्यक्ति को यह स्थिति सांसारिक विषयों के प्रति मोह से निवृत्त होने पर प्राप्त होती है। आत्मज्ञान प्राप्त करना नहीं है, केवल उसकी बाधाओं को हटाना मात्र है। मोह के कारण केवल संसार ही दिखाई देता है, पर मोह हटने पर संसार लुप्त हो जाता है; फिर जो भी दिखाई देगा, वह आत्मा ही है।

आत्मा सर्वत्र है, सनातन है, सत्य है। जिसने संसार को सत्य समझा, उसे आत्मा असत्य दिखाई देती है; किंतु आत्मज्ञानी को आत्मा सत्य और संसार असत्य दिखाई देता है। संसार को सत्य मानना ही आत्मा का बंधन है।

बिंब आत्मज्ञान, चेष्टा, प्रयास, श्रम से प्राप्य नहीं है। वह प्राप्त होता है निर्विकार दृष्टि से देखने मात्र से। अज्ञानी की स्वीकृति ही ज्ञान का द्वार है। अहंकार गिराकर सहज हो जाना ही मार्ग है।

आत्मा एवं ब्रह्म की अभेदता

इस संदर्भ में अष्टावक्रजी कहते हैं कि यह आत्मा ही ब्रह्म है। व्यक्ति में उपस्थित चेतना का नाम आत्मा है तथा समष्टिगत चेतना ही ब्रह्म है। यह ब्रह्म एक ही है, जो भिन्न-भिन्न पदार्थों के कारण भिन्न-भिन्न प्रतीत होता है।

सृष्टि ही परमात्मा है। ऐसा निश्चयपूर्वक वही जानता है, जिसे इसका अनुभव हो गया है। यह स्वयं के भीतर प्रवेश करने से, निःशब्द, शांति, मौन में शून्य होने से ही जाना जा सकता है। जब तुम मिटोगे, तभी परमात्मा है।

जीवात्मा और परमात्मा में भेद मानने के कारण ही अज्ञानवश मनुष्य ने समस्त सृष्टि को द्वंद्वों में विभाजित कर दिया है। आत्मज्ञान के अभाव के कारण द्वैत-भाव प्रतीत होता है, पर जिसने यह जान लिया कि सब आत्मा ही है, उसका द्वैत-भाव समाप्त हो जाता है। यह भिन्नता अहंकार एवं मन, वासना, तृष्णा, कामना आदि अज्ञान के कारण ही ज्ञात होती है।

चित्त में संकल्प-विकल्प निरंतर उठते रहते हैं। विक्षेप होने पर ही एकाग्रता की, धारणा-ध्यान-समाधि को साधने की आवश्यकता पड़ती है। अति बोध, मूढ़ता, सुख और दुःख की अनुभूति भी चित्त के विक्षेपों के कारण ही प्रतीत होती है। किंतु आत्मज्ञानी योगी का चित्त इन संकल्प-विकल्पों से रहित होकर पूर्णतः शांत हो जाता है। वह सदा ही आत्मा का सर्वत्र अनुभव करता हुआ नित्य आत्मानंद में ही मग्न रहता है।

आत्मज्ञानी अहंकार एवं संकल्प-विकल्प से रहित होने पर हर स्थिति में अनाग्रहपूर्वक रहकर स्वाभाविक जीवन जीता है।

जीवन्मुक्त योगी के लक्षण

१. ऐसे योगी चित्त की संकल्प-विकल्प अवस्था से पूर्णतः निर्विकल्प हो जाते हैं, जिससे उनके समस्त विक्षेप शांत हो जाते हैं।
२. ऐसे मुक्त योगी के लिए धर्म, अर्थ, काम तथा विवेक का बंधन समाप्त हो जाता है।
३. ज्ञानी अपनी आत्मा के स्वभाव के अनुसार इनका पालन करता है।
४. अज्ञानी की तरह वह धर्म, अर्थ, काम और विवेक का झूठा मुखौटा नहीं लगाता प्रत्युत उसका यह स्वभाव ही हो जाता है।
५. जीवन्मुक्त योगी के लिए कर्तव्य-कर्म कुछ भी नहीं है। कर्मों का

सांसारिक उद्देश्य होता है—धन, सुख, मान-सम्मान, शांति, ऐश्वर्य, पद-प्रतिष्ठा आदि की प्राप्ति। इसलिए फलाकांक्षा उसमें निहित रहती है। पर योगी का उससे कोई सरोकार नहीं होता, क्योंकि उसने वह सब पा लिया, जिसे पाने के लिए कर्म किए जाते हैं, इसलिए अब उसके लिए कर्तव्य कर्म कुछ भी नहीं।

६. योगी के लिए वे ही कर्म रह जाते हैं, जो बिना फलाकांक्षा के स्वाभाविक रूप से होते हैं।

७. ऐसा योगी यथाप्राप्य से अपना जीवन-निर्वाह करता है।

अष्टावक्रजी कहते हैं कि कई मूढ़ यह समझते हैं कि पदार्थों के त्याग से मोक्ष प्राप्त हो जाता है; पर मोक्ष का संबंध पदार्थों के त्याग से नहीं प्रत्युत वृत्तियों के शांत होने से है। मन की अच्छी-बुरी सभी वृत्तियों का शांत हो जाना ही मोक्ष है। सभी भेद समाप्त कर उस एक परम तत्त्व में स्थित हो जाना ही मुक्ति है।

महात्मा कौन है?

भारतीय धर्म में महात्मा, संत, ज्ञानी, गुरु आदि शब्द उच्च बोध के सूचक हैं।

महात्मा वह है, जिसके चित्त की समस्त वृत्तियाँ शांत हो गई हैं एवं सभी प्रकार के संकल्पों का जिसके चित्त से अंत हो गया है तथा केवल उस चैतन्य आत्मा में विश्राम कर स्थित है।

जो संकल्पों से रहित होकर आत्मज्ञान को उपलब्ध हो गया है, वही महात्मा है। उसके लिए मोह, संसार, ध्यान एवं मुक्ति को भी कोई स्थान नहीं है; क्योंकि ये सब मन की ही वृत्तियाँ हैं।

कभी-कभी शास्त्रों के वचनों को सुनकर कुछ लोगों में मोक्ष-प्राप्ति की वासना जाग उठती है, जिससे वह भी ज्ञानियों की तरह संसार को माया, भ्रम और असत्य कहने लगता है; किंतु उसने ऐसा नहीं जाना जैसा ज्ञानी ने जाना। अतः उसका ऐसा कहना पाखंड है, वासना मात्र है; क्योंकि मोक्ष की वासना-पूर्ति के लिए वह ऐसा कहता है।

अष्टावक्रजी कहते हैं कि ज्ञानी वासना-रहित हो जाने के कारण संसार को देखता हुआ भी नहीं देखता है। वह नित्य आत्मा को ही सर्वत्र देखता है।

अष्टावक्रजी कहते हैं कि चिंतन दो के बिना नहीं होता—एक, चिंतन करनेवाला और दूसरा, जिसका चिंतन किया जाता है। ब्रह्म का जीवन और ब्रह्म दोनों को भिन्न-भिन्न समझने से ब्रह्म का चिंतन संभव है।

पूर्णज्ञान की स्थिति में जीव और ब्रह्म का भेद ही मिट जाता है। दोनों एक हो जाते हैं। फिर सर्वत्र एक ही ब्रह्म की अनुभूति होती है, फिर कौन किसका चिंतन करे! ज्ञान की यही चरम स्थिति अद्वैत की है।

हर प्राणी के भीतर जो चेतना है, वही उसकी आत्मा है। इस चेतना की शक्ति के कारण ही मन, शरीर, इंद्रियाँ आदि सक्रिय होती हैं।

चित्त में वासनाएँ हैं, जिनसे विभिन्न प्रकार के विचारों की तरंगें उठती हैं, जिसके कारण आत्मा का अनुभव प्रत्यक्ष रूप से सभी को नहीं होता। चित्त में विभिन्न प्रकार की वृत्तियाँ भी हैं, जिनसे आत्मा का बिंब स्पष्ट नहीं दिखाई देता।

इसलिए योगी आत्मज्ञान की प्राप्ति के लिए वासनाओं एवं वृत्तियों का निरोध करते हैं। यह निरोध साधना की अवस्था है।

आत्मज्ञान की स्थिति में केवल आत्मा ही शेष रहती है और चित्त, मन, शरीर आदि के विक्षेप ही समाप्त हो जाते हैं। फिर निरोध का कोई आधार नहीं रह जाता।

ज्ञानी और अज्ञानी में अंतर

ज्ञानी और अज्ञानी में अंतर बताते हुए अष्टावक्रजी कहते हैं कि इनमें बाहर से तो कोई अंतर दिखाई नहीं देता, पर भीतर के तल पर बड़ा अंतर हो जाता है। अज्ञानी सभी कार्य मन, बुद्धि, अहंकार एवं वासना की पूर्ति के लिए करता है, वह केवल आत्मा का ही भोग करता है; पर ज्ञानी सब कार्य अज्ञानी की तरह ही करता है, लेकिन भीतर जगा हुआ रहता है। इस प्रकार वह संसार की तरह बरतता हुआ भी संसार से भिन्न है। ऐसे ही ज्ञानी,

धीर पुरुष मुक्त हैं।

अहंकारवश कर्म करनेवाला ही कर्ता है, पर जिसमें कोई अहंकार नहीं, कोई वासना नहीं, जिसकी कोई फलाकांक्षा नहीं, जो भाव एवं अभाव की चिंता से रहित है, ऐसा व्यक्ति कर्ता नहीं है; क्योंकि उन कर्मों से प्राप्त फलों को वह क्षणिक एवं असत्य समझता है। अत: वह आत्मानंद में तृप्त होकर अनित्य भोगों के प्रति उदासीन हो जाता है। वह कर्म करता हुआ भी कुछ नहीं करता।

इस प्रकार ज्ञानी पुरुष कर्तव्यादि अभिमान से रहित हो जाता है, उसका न प्रवृत्ति में आग्रह होता है, न निवृत्ति में। उसके सभी आग्रह एवं संकल्प समाप्त हो जाते हैं। यदि उसपर कोई कार्य आ भी पड़ता है तो वह उसे करके सुखपूर्वक रहता है। आग्रह और संकल्प-प्रवृत्ति ग्रहण और त्याग भी यदि अहंकारवश किए जाते हैं तो वे बंधन हैं। अहंकार-रहित एवं स्वाभाविक रूप से फलाकांक्षा से रहित कर्म ही मुक्त करते हैं।

अष्टावक्रजी कहते हैं कि जो ज्ञान को उपलब्ध हो गया, जिसने वास्तविक स्वरूप को पहचान लिया, जिसे संपूर्ण सृष्टि आत्मवत् ज्ञात होने लग गई, उसमें संसार एवं मोक्ष-प्राप्ति की कामना भी नहीं रहती। अपेक्षा-रहित व्यक्ति ही स्वच्छंद हो सकता है। घर-गृहस्थी, धन, पद-प्रतिष्ठा से जो अपेक्षाएँ हैं, वे व्यक्ति को बाँधती हैं।

ज्ञानी अपने आग्रह का त्याग करके, प्रकृति-रूपी वायु से प्रेरित होकर कार्य करता है।

मनुष्य की भीतरी वासनाएँ, कामनाएँ, इच्छाएँ, आकांक्षाएँ, अपेक्षाएँ ही उसका अपना संसार हैं और यदि यह भीतर का संसार खो जाए तो वह शांत मन होकर विदेह की भाँति रहता है। ऐसा ज्ञानी ही संसारमुक्त कहलाता है।

अष्टावक्रजी कहते हैं कि अज्ञानी मनुष्य धन, पद, स्त्री, पुत्र, यश, मान-सम्मान, पद-प्रतिष्ठा में सुख-आनंद की अनुभूति करता है। वह सुख की चाह में उनसे बँधता जाता है।

ज्ञानी पुरुष इच्छामात्र का ही त्याग कर देता है। वह न त्याग की इच्छा

करता है और न ग्रहण की। वह केवल आत्मा में रमण करता हुआ निर्मल चित्तवाला होकर शाश्वत सुख का उपभोग करता है।

अष्टावक्रजी कहते हैं कि मान और अपमान की भावना अहंकार के कारण उत्पन्न होती है। चूँकि ज्ञानी शून्य चित्तवाला होता है, अत: वह सभी कर्म सहज भाव से करता है। उसके कार्य मान-अपमान की दृष्टि से नहीं होते। वह न प्रशंसा एवं पुरस्कार का आकांक्षी होता है और न अपमान से प्रभावित होता है।

अज्ञानी अहंकारी होने के कारण सभी प्रकार के अच्छे-बुरे कर्मों का भार अपने ऊपर ले लेता है। वह फलाकांक्षा के बिना कोई कर्म करता ही नहीं।

किंतु ज्ञानी अपने को शरीर एवं मन से पार आत्मा जान लेता है। आत्मा न कर्ता है, न भोक्ता। वह आत्मस्वरूप होने से सभी कर्मों का साक्षी मात्र रह जाता है। ऐसा व्यक्ति कर्म करता हुआ भी उनसे अलिप्त रहता है, इसलिए वह फल का भोक्ता नहीं होता।

अष्टावक्रजी कहते हैं कि ज्ञानी की पहचान ज्ञान से होती है, कर्म से नहीं। मुक्ति भी ज्ञान से होती है, कर्म से नहीं। सभी कर्मों का आधार है शरीर, मन एवं अहंकार, जिनके कारण समस्त कर्म-बंधन होते हैं। ज्ञानी आत्मा में जीता है। वह कर्मों में लिप्त नहीं होता।

ज्ञानी की पहचान उसके वचनों से होती है कि वह क्या कहता है। उसके वचन ही सत्य होते हैं, किंतु उसके कर्म उनसे भिन्न हो सकते हैं।

ज्ञानी विवेक में जीता है, सत्य में जीता है, सृष्टि के एकात्मक भाव में जीता है; पर सामान्य व्यक्ति अहंकार एवं वासना में, क्षुद्र स्वार्थों में जीता है। अज्ञानी को कर्म से पहचाना जाता है, क्योंकि वह कर्म में जीता है, ज्ञान में नहीं। ज्ञानी ज्ञान में जीता है, कर्म में नहीं।

संन्यास क्या है?

अज्ञानी संसार के भोगों को भोगता है। जब वह शरीर एवं इंद्रियों के भोगों से तृप्त हो जाता है, उसे उसमें कोई सार नहीं दिखाई देता, उसे उसमें

रस नहीं आता, तब संन्यास का जन्म होता है।

संन्यास संसार के अनुभवों का सार या निचोड़ है, उनकी निष्पत्ति है। ऐसा संन्यास ही वास्तविक है। संसार के अनुभवों को प्राप्त किए बिना जो संन्यास लेता है, वह थोपा हुआ है, कच्चा है, कभी भी डगमगा सकता है।

संन्यास लिया नहीं जाता, होता है। यह कार्य नहीं है, अनुभूति है, उत्कृष्ट जीवन की ओर बढ़ा हुआ एक कदम है। ऐसा संन्यासी ही आत्मज्ञान का अधिकारी है और वही शांति को प्राप्त होता है।

अष्टावक्रजी कहते हैं कि बुद्धिजीवी अनेक प्रकार के विचारों में उलझा रहता है। वह संसार, कर्म, भोग, अध्यात्म, ईश्वर, परमात्मा, आत्मा आदि अनेक विषयों का अध्ययन, चिंतन एवं मनन करता है; किंतु उसे शांति नहीं मिलती। वह इन विचारों में अधिकाधिक उलझता जाता है।

अष्टावक्रजी का मत है कि जो इन विचारों से थककर शांति को प्राप्त होता है, वह विचारों से मुक्त हो सकता है एवं उसी को आत्मज्ञान का फल मिलता है।

इसलिए जिसने संसार को भोगा है तथा जो चिंतन की पराकाष्ठा पर पहुँचा है, वही आत्मज्ञान के फल को प्राप्त करता है। जिसने संसार को जाना ही नहीं, वह आत्मा को क्या जान सकेगा! वह परमात्मा को प्राप्त कर कैसे आनंदित हो सकेगा !

चित्त की वृत्तियों से ही विक्षेप उत्पन्न होते हैं, जो अशांति का कारण हैं। ज्ञान-प्राप्ति का मुमुक्षु ही चित्त की वृत्तियों के निरोध के लिए समाधि का सहारा लेता है। किंतु ज्ञानी की समस्त चित्तवृत्तियाँ शांत हो जाने से वह विक्षेप-रहित हो जाता है। अत: उसे समाधि की आवश्यकता नहीं होती।

अष्टावक्रजी कहते हैं कि अहंकार ही मूल पाप है। इसी से मनुष्य अपने को परमात्मा से भिन्न मानता है, इसी से उसमें कर्तापन का भाव उत्पन्न होता है। कर्तापन के कारण वह कर्मफलों का भोक्ता होता है। यदि उसका अहंकार मिट जाए तो वह कर्तापन से मुक्त हो सकता है।

अत: मुक्ति के लिए कर्म नहीं छोड़ना है प्रत्युत अहंकार छोड़ना है, कर्तापन छोड़ना है।

मुक्त पुरुष का चित्त पूर्णतः शांत हो जाता है। उसके सभी प्रकार के द्वंद्व मिट जाते हैं। उसके सारे कार्य निश्चित, विवेकपूर्ण एवं स्वभावानुकूल होते हैं। वह सभी कार्य करता हुआ भी अलिप्त रहता है।

अष्टावक्रजी कहते हैं कि करने का भाव मात्र अहंकार है। अहंकार पहले उद्देश्य निश्चित करता है, फिर कर्म में प्रवृत्त होता है। उसे फल चाहिए, जिससे उसकी वासना की तृप्ति हो सके।

ज्ञानी पुरुष का चित्त किसी ध्यान या चेष्टा में प्रवृत्त नहीं होता, क्योंकि उसे फल-प्राप्ति की कोई इच्छा नहीं होती। वह ध्यान या कर्म भी करता है तो चेष्टा-रहित, श्रम-रहित, बिना किसी निमित्त या हेतु के।

मंद बुद्धि वह है, जो केवल क्षुद्र वासनाओं से ग्रस्त होता है। जिसका चित्त वासनाग्रस्त, अहंकार-युक्त है, तृष्णा-कामनावाला है वह तत्त्व-बोध को पाकर भी उसे विकृत कर देगा।

अष्टावक्रजी कहते हैं कि ज्ञानी मूढ़वत् व्यवहार इसलिए करता है कि उसके कार्य में बाधा न पड़े। वह अपनी अनुभूति को सही रूप में प्रकट नहीं कर सकता, न उसे करना ही चाहिए, क्योंकि ज्ञान-प्रदर्शन से अहंकार बढ़ता है।

अष्टावक्रजी बताते हैं कि आत्मज्ञान के लिए कुछ करना नहीं पड़ता। यह एक क्षण में मिलता है, जैसे राजा जनक को मिला। ज्ञान-प्राप्ति के लिए केवल जाग्रत्-सजग रहना होता है। जो भीतर ही मौजूद है, फिर उसकी खोज कैसी? जो हमारा स्वभाव ही है, उसके लिए क्या प्रयत्न करना? सारा प्रयत्न तो अंतःकरण की शुद्धि के लिए करना होता है। क्योंकि जब तक चित्त निर्मल नहीं होगा, आत्मा का आभास नहीं हो सकता।

इस सूत्र में अष्टावक्रजी आत्मज्ञान की प्राप्ति का महत्त्वपूर्ण तथ्य प्रकट करते हुए कहते हैं कि चित्त की अनेक वृत्तियाँ हैं। एक-एक को छोड़ने के प्रयत्न से कोई सफलता नहीं मिल सकती, क्योंकि मूल तो हैं अहंकार एवं वासना, जिनके रहते वृत्तियों को काट देने पर भी वे नए-नए रूपों में प्रकट हो जाते हैं। अतः सर्वप्रथम तो अहंकार एवं वासनाओं को नष्ट करना चाहिए, तभी उपलब्धि प्राप्त हो सकती है।

ज्ञानी आत्मतत्त्व को निश्चयपूर्वक जानकर ही निवृत्त हो जाता है। उसकी सभी वृत्तियाँ स्वत: शांत हो जाती हैं। उसे कोई प्रयत्न, कोई साधना नहीं करनी पड़ती।

अष्टावक्रजी कहते हैं कि आत्मा शुद्ध है, वह बोध-स्वरूप है, स्वयं ज्ञान है। उसको जानने के लिए बाहरी ज्ञान की कोई आवश्यकता नहीं है। ऐसी आत्मा हमारा स्वभाव ही है। हमने भूल से शरीर, मन, अहंकार आदि को अपना स्वभाव मान लिया है, जो भ्रांति मात्र है। आत्मा को जानने के लिए इस भ्रांति को मिटाना होगा। किसी प्रकार के अभ्यास की आवश्यकता नहीं है, क्योंकि अभ्यास से अहंकार बढ़ता है, चित्त की वृत्तियाँ शांत होने के बजाय और विद्रोह करती हैं। अत: सभी को छोड़ने से चित्त की शांत अवस्था में ही उसकी अनुभूति होती है।

मुक्ति के बारे में अष्टावक्रजी कहते हैं कि आत्मा हमारा स्वभाव है, उसे केवल जानना है। जिसने आत्मा को जान लिया उसने ब्रह्म को जान लिया, वह शुद्ध-बुद्ध हो गया, फिर उसको कुछ करना शेष नहीं रह जाता। उसकी सभी भ्रांतियाँ मिट जाती हैं, सभी बंधन टूट जाते हैं। यही मुक्ति है। स्व के सागर में डुबकी लगाना ही मोक्ष है।

पर्याप्त आत्मज्ञान एवं मोक्ष के लिए अपने को समर्पित भाव से छोड़ देना ही पर्याप्त है। अभ्यास मात्र छोड़कर निश्चेष्ट भाव से अपने को समर्पित कर देना चाहिए। यही आत्मज्ञान है, यही मुक्ति है। क्रिया से बाहरी ज्ञान तो मिल सकता है, पर आत्मज्ञान नहीं। इसके लिए अक्रिया ही मार्ग है।

अष्टावक्रजी कहते हैं कि केवल अपने स्वरूप मात्र को जान लेने से सभी भ्रांतियाँ मिट जाती हैं और व्यक्ति स्वयं ब्रह्म हो जाता है, जो वह है ही, केवल जान लेता है।

साधना का अभ्यास करने की कोई आवश्यकता नहीं, केवल निश्चयपूर्वक जान लेना है।

शांति-प्राप्ति के उपाय

व्यक्ति अपने विचारों, वासनाओं, कामनाओं से उत्पन्न हुए राग-द्वेष,

ईर्ष्या, घृणा, निंदा, हिंसा-अहिंसा, तृष्णा एवं मोह आदि से संसार निर्मित करता है। वह आधार-रहित है, भ्रमपूर्ण है, माया है, दुराग्रह है। उसमें शांति की प्राप्ति कैसे हो सकती है? यदि सारे दुराग्रह एवं पूर्वग्रह शांत हो जाएँ तो शांति का अनुभव हो सकता है।

इसीलिए ज्ञानी स्व-निर्मित संसार को अनर्थ का मूल समझकर, संबंध-विच्छेद करके आत्मा से अपना संबंध जोड़कर सुख-शांति का अनुभव करता है।

अष्टावक्रजी कहते हैं कि शांति किसी प्रकार के प्रयत्न से प्राप्त नहीं होती। शांत होने की इच्छा करने से भी चित्त में तरंगें उठती हैं, जिससे नई अशांति उत्पन्न होती है। चित्त का विक्षेप-रहित हो जाना ही शांत हो जाना है।

द्वंद्व से रहित होकर समभाव में स्थित हुए बिना एवं सर्वत्र उस एक आत्मा के अनुभव के बिना शांति नहीं मिल सकती। इच्छा करना ही अशांति का कारण है।

अज्ञानी दृश्य पदार्थों को देखता है, पर ज्ञानी पदार्थों को नहीं देखता, वह केवल उसी अविनाशी आत्मा को देखता है। इस द्रष्टा का ज्ञान ही धर्म है।

अष्टावक्रजी कहते हैं कि करना मात्र मन से होता है, क्योंकि मन का भोजन ही कर्म है। बिना कर्म के वह रह ही नहीं सकता। जो हठपूर्वक चित्त का निरोध करता है, उससे मन और मजबूत हो जाता है, अहंकार और दृढ़ हो जाता है; पर जिसने आत्मा को जान लिया, जो सदा आत्मा में ही रमण करता है, उसके चित्त का निरोध स्वाभाविक रूप से हो जाता है, अतः वह शांति को प्राप्त हो जाता है।

अष्टावक्रजी आस्तिक एवं नास्तिक की विचारधारा के बारे में बताते हुए कहते हैं कि आस्तिक कहता है कि परमात्मा है, नास्तिक कहता है कि परमात्मा नहीं है। ये दोनों ही अज्ञानी हैं। उनकी यह मान्यता बौद्धिक है, कल्पना मात्र है, उसे जाना दोनों ने ही नहीं है।

वे कहते हैं कि परमात्मा इतना विराट् है कि वह क्षुद्र बुद्धि के घेरे

में समाता ही नहीं। न बुद्धि उसको जान सकती है और न वाणी उसका वर्णन कर सकती है। परमात्मा है, नहीं है—ये मन की घोषणाएँ हैं। जिसने जान लिया, मौन हो जाता है, क्योंकि उसका वर्णन कठिन हो जाता है। वर्णन से विवाद ही पैदा होता है, क्योंकि तर्क से परमात्मा को न तो सिद्ध किया जा सकता है, न असिद्ध। ऐसा व्यक्ति ही स्वस्थ चित्त एवं परम शांति को प्राप्त होता है।

अष्टावक्रजी कहते हैं कि सुख ज्ञान का फल है। अज्ञानी को सुख कहाँ? अज्ञानी चाहे जितनी भावना कर ले कि आत्मा है, परमात्मा है, संसार मिथ्या है, माया है, ब्रह्म ही सत्य है, तो भी वह सुख को प्राप्त नहीं हो सकता; क्योंकि भावना करने से वह सुख नहीं मिल सकता। सुख मिलता है उसे जानने से।

अत: प्रत्यक्ष बोध करना होगा, तभी सुख मिलेगा, तभी ज्ञान होगा और इसी से अद्वैत की अनुभूति होगी।

मन के बारे में अष्टावक्रजी बताते हैं कि मन सहारा चाहता है। इसके बिना वह जिंदा नहीं रह सकता। यदि उसे परमात्मा का सहारा मिल जाए तो वह तृप्त हो जाता है, किंतु उसका सहारा न मिलने से ही वह तृप्ति के लिए विषयों की ओर भागता है।

बुद्धि भी आलंबन चाहती है, क्योंकि बिना इसके सोच-विचार संभव नहीं।

अष्टावक्रजी कहते हैं कि जब तक कोई सहारा है—चाहे वह भगवान् का ही क्यों न हो, तब तक मुक्ति नहीं है। क्योंकि वह सहारा भी बंधन है। उद्‍देश्य-प्राप्ति के बाद सहारा छोड़ देना पड़ता है, तभी व्यक्ति निष्काम और निरालंब होता है। मन-बुद्धि की ऐसी अवस्था ही मुक्ति है।

संसारी व्यक्ति विषयों से भयभीत नहीं होता। वह तो इन्हें भोग लेता है, चाहे उनसे क्षणिक आनंद ही मिलता हो। वह इन्हें भोगकर तृप्ति का अनुभव करता है, इसलिए क्षणिक संतुष्ट हो जाता है। सुख-दु:ख, हर्ष-विषाद आदि को भाग्यवश समझकर भोग लेता है।

अष्टावक्रजी कहते हैं कि जिस व्यक्ति में आत्मज्ञान की वासना तीव्र

हो जाती है, वह इन विषयों से भयभीत होता है। इनसे बचने के लिए वह संसार से भाग खड़ा होता है। ऐसा अज्ञानी समझता है कि संसार से भागने से चित्त का निरोध हो जाएगा, जिससे उसे आत्मा का ज्ञान हो जाएगा; किंतु यह उसका भ्रम मात्र है। विषयों के प्रति आकर्षण का कारण भीतर चित्त में छिपी वासना है, जिससे वह उनके पीछे दौड़ता है। वास्तव में संसार इसका कारण नहीं है।

यथार्थ यह है कि जब भीतर की वासना शांत होगी, तभी निरोध होगा। उन्हें जागकर देखने, साक्षी-भाव से देखने तथा बोधपूर्वक देखने से निरोध होगा, अन्यथा नहीं।

इसी क्रम में अष्टावक्रजी कहते हैं कि विषयों से भयभीत होकर भागने से भय तो भीतर बना ही रहेगा, जो स्वप्न एवं ध्यान आदि में उत्पात मचाएगा। अतः संसार से भागने से समस्या का समाधान नहीं होगा, प्रत्युत वासना-रहित हो जाना ही इसका उपाय है। फिर चित्त का निरोध नहीं करना पड़ेगा। यह उपलब्धि घर बैठे ही, संसार में रहते हुए भी हो सकती है।

अष्टावक्रजी कहते हैं कि जिसकी सभी वासनाएँ मिट गई हैं, जिसकी वृत्तियाँ शांत हो गई हैं, ऐसा आत्मज्ञान को प्राप्त व्यक्ति ही शंका-रहित एवं मुक्त मनवाला हो जाता है। ऐसा ज्ञानी बिना किसी आग्रह के देखना, सुनना, स्पर्श करना, सूँघना, खाना आदि इंद्रियों के कार्य यथावत् करता हुआ भी सुखपूर्वक रहता है।

आचार-अनाचार, उदासीनता और कर्मठता—ये सब अज्ञानियों के लिए हैं। मन की चंचलता से ही भेद पैदा होते हैं। किंतु आत्मज्ञानी पुरुष स्वस्थ चित्त एवं शुद्ध बुद्धिवाला हो जाता है। उसमें स्वार्थ, वासना एवं अहंकार आदि न होने से वह जो भी कर्म करता है, स्वस्थ ही होता है।

अष्टावक्रजी कहते हैं कि ऐसा तत्त्व-बोध, यदि किसी का अंतःकरण शुद्ध है, तो सुनने मात्र से ही हो जाता है। उसके लिए कोई प्रयत्न नहीं करना पड़ता।

अष्टावक्रजी कहते हैं कि बालक एवं ज्ञानी में थोड़ी समानता होती है। दोनों ही स्वभाव में जीते हैं। बालक मन के स्वभाव में जीता है। वह

अपनी सारी इच्छाएँ पूरी करना चाहता है; किंतु ज्ञानी आत्मा के स्वभाव में जीता है। वह मन और बुद्धि के पार हो जाता है, इसलिए वह शुभ-अशुभ का भेद नहीं करता प्रत्युत आत्मा के स्वभाव के अनुकूल जो करना आवश्यक होता है, वह बालवत् कर लेता है।

वासना, कामना, तृष्णा, अहंकार आदि से ही मनुष्य बंधनों का निर्माण कर लेता है। इन्हीं के कारण उसकी विषयों में आसक्ति हो जाती है तथा सुख-दुःख, हर्ष-विषाद का अनुभव करता है। आत्मज्ञान के बिना इन बंधनों से छुटकारा नहीं हो सकता।

ज्ञानी इस तत्त्व को जानकर सर्वबंधनों से मुक्त होकर परम सुख में स्थित हो जाता है। बंधनों से मुक्त हो जाना ही परम स्वतंत्रता है, मुक्ति है।

वेदांत की घोषणा है कि मनुष्य न कर्ता है, न भोक्ता, न वह कर्म करता है और न उसका फल ही भोगता है; किंतु मनुष्य अहंकार के कारण स्वयं को आत्मा एवं ब्रह्म से भिन्न मानता है। इसी अज्ञान एवं भ्रांति के कारण वह अपने को कर्ता एवं भोक्ता मानने लगता है। लेकिन जब वह अपने को शरीर, मन एवं अहंकार से भिन्न केवल आत्मा-रूप मानने लगता है तब उसी क्षण वह न कर्ता रहता है और न भोक्ता। फिर उससे न तो कोई पाप होता है और न पुण्य। आत्मज्ञान में उसकी समस्त चित्तवृत्तियाँ ही शांत हो जाती हैं।

अष्टावक्रजी कहते हैं कि मनुष्य में स्पृहा है, वासना है, इसी स्पृहा के कारण उसे यह शरीर मिला है। यदि संसार में कुछ भोगने की, कुछ करने की चाह न हो तो यह शरीर उसे मिलता ही नहीं।

स्पृहा, वासना आदि मन के गुण हैं। इन्हीं के कारण इस भौतिक जगत् का अस्तित्व है। स्पृहा रहते मनुष्य को शांति नहीं मिल सकती।

आध्यात्मिक उपलब्धि, आत्मज्ञान एवं शांति स्पृहा-मुक्त होने से ही संभव है।

अष्टावक्रजी कहते हैं कि जिस ज्ञानी की स्पृहा शांत हो गई है, कोई वासना नहीं रही, जो कल्पना-रहित, बंधन-रहित हो गया है, जिसे सृष्टि के एकत्व का बोध हो गया है, वह मुक्त चिंतावाला पुरुष बड़े-बड़े भोगों

के साथ क्रीड़ा करता हुआ भी उनसे अलिप्त, अछूता रहता है।

किंतु जिनसे भोगों के भोगने या उन्हें त्यागकर जंगल जाने का आग्रह होता है तथा जो सबकुछ नियम-संयम से बँधकर करता है; जो सिद्धांतों, मान्यताओं, परंपराओं, रूढ़ियों के अनुसार चलता है, ऐसा व्यक्ति मुक्त नहीं है। ज्ञानी सभी प्रकार के बंधनों से मुक्त होकर आत्मा में रमण करनेवाला स्वच्छंदकारी होता है।

अज्ञानी में स्पृहा एवं वासना होती है, जिनकी पूर्ति हेतु वह पूजा-अर्चना करता है, तीर्थों का भ्रमण करता है, यहाँ तक कि प्रियजनों से कुछ प्राप्त करने की आकांक्षा रखता है।

अज्ञानी वासनाग्रस्त तथा अहंकारी होता है, फलस्वरूप उसमें लोभ, मोह उत्पन्न हो जाता है, जिनकी पूर्ति न होने पर उसे क्रोध आता है। अहंकार के कारण उसमें मान-सम्मान की प्रबल चाह होती है। यदि कोई उसका अपमान करे, तिरस्कार करे तो वह उससे बदला लेने पर उतारू हो जाता है।

इस अहंकार से मुक्त योगी यदि पाप नहीं करता तो पुण्य भी नहीं करता। लेकिन अपने नौकरों, पुत्रों, पत्नियों, बांधवों आदि द्वारा तिरस्कृत किए जाने पर भी उसमें कोई विकार उत्पन्न नहीं होता। वास्तव में अहंकार ही सब विकारों का मूल है।

अष्टावक्रजी कहते हैं कि ज्ञानी एवं अज्ञानी के भीतर-बाहर बड़ा अंतर होता है। अज्ञानी में अहंकार, वासना, तृष्णा, लोभ, क्रोध, काम, हिंसा आदि भरी रहती है; किंतु बाहर से विनम्र, सहनशील, दयालु, दानवीर एवं त्यागी होने का नाटक करता है। यद्यपि वह बाहर से शांत, प्रसन्न, सुखी एवं संतुष्ट दिखाई देता है, जबकि अंदर से बेचैन एवं असंतुष्ट होता है।

इसके विपरीत, ज्ञानी पूर्ण रूप से संतुष्ट होता है। उसकी न तो कोई चाह है, न वासना। अत: उसे उस परम की उपलब्धि हो जाती है।

अष्टावक्रजी कहते हैं कि यह कर्तव्य ही संसार है। संसार में रहकर कर्तव्य करना ही पड़ेगा। इसके बिना कोई रह ही नहीं सकता।

कर्तव्य अर्थात् जो करने योग्य है, वह ज्ञानी भी करता है, किंतु उसमें

फल की इच्छा नहीं होती। इसके विपरीत संसारी अच्छा-बुरा, शुभ-अशुभ, निंदा-प्रशंसा आदि को ध्यान में रखकर कर्तव्य करता है, अतः उसका फल भी पाता है। अच्छे कर्म करके वह स्वर्ग-सुख तो भोगता है, किंतु मुक्ति नहीं प्राप्त कर सकता।

ज्ञानी वासना-रहित होने से मुक्त है। वह संसार को कर्तव्य की भाँति न देखकर अभिनेता की भाँति देखता है। वह केवल परमात्मा को ही कर्ता मानता है।

कर्तव्य, संकल्प, मनोबल, महत्त्वाकांक्षा, संघर्ष, विजय, दौड़-धूप आदि सब संसारी के लक्षण हैं।

अष्टावक्रजी कहते हैं कि उपर्युक्त सूत्र का यह अर्थ कदापि नहीं है कि ज्ञानी कोई कर्म करता ही नहीं, बल्कि वह कर्तव्यनिष्ठ होकर, फलाकांक्षा से रहित होकर कर्म करता है। यही कर्म का सौंदर्य है, कर्म की कुशलता है।

अष्टावक्रजी ज्ञानी और अज्ञानी के कर्मों का भेद स्पष्ट करते हुए कहते हैं कि अज्ञानी यदि इस तत्त्व-बोध को सुनकर कर्म करना छोड़ दे तो उसे मुक्ति नहीं कह सकते हैं; क्योंकि बाहर से कर्म छोड़ने पर भी उसके भीतर संकल्प-विकल्प तो शेष रह ही जाते हैं। जब तक ये विक्षेप शांत नहीं होते तब तक मुक्ति संभव नहीं।

इसलिए संसार छोड़ना या कर्म से भागना मुक्ति नहीं है। अज्ञान को मिटाकर चित्त की शांत अवस्था को प्राप्त होना मुक्ति है, जो आत्मबोध से ही संभव है।

मनुष्य बाहर जो भी व्यवहार करता है, वह उसके चित्त में चल रही हलचल का ही प्रक्षेपण है। अशांत चित्तवाला व्यक्ति अशांति का ही अनुभव करता है। अशांत चित्तवाला व्यवहार में भी सुख का अनुभव नहीं करता।

अष्टावक्रजी कहते हैं कि जो भीतर से शांतचित्त है वही खाते-पीते, उठते बैठते, बोलते हुए सुख का अनुभव करता है।

इसी संदर्भ में वे आगे कहते हैं कि ज्ञानी और अज्ञानी दोनों ही संसार में रहते हुए सभी प्रकार के कार्य एवं व्यवहार करते हैं, पर ज्ञानी कर्म एवं

व्यवहार करता हुआ भी उनसे अलिप्त रहता है। कर्म में ही उसका आनंद निहित रहता है।

इसके विपरीत, अज्ञानी के सभी कर्म तथा व्यवहार अहंकार, वासना एवं अपेक्षा के कारण होते हैं। उसका आनंद फलाकांक्षा में निहित रहता है, इसलिए वह सदा दुःखी ही रहता है।

प्रवृत्ति एवं निवृत्ति का स्वरूप

सोलहवें प्रकरण में अष्टावक्रजी ने प्रवृत्ति एवं निवृत्ति मार्ग की व्याख्या की थी। अब उनके स्वरूप का वर्णन करते हुए कहते हैं कि कोई व्यक्ति का सांसारिक पदार्थों—घर-बार, पत्नी-बच्चों, धन-संपत्ति को छोड़कर जंगल चला जाना, संन्यासी बन जाना प्रवृत्ति ही है, निवृत्ति नहीं। जब अज्ञान, मूढ़ता, अहंकार, वासना, आसक्ति, कुछ पाने की अकांक्षा मिट जाती है, तभी वह निवृत्ति हो सकती है।

जिस ज्ञानी में वासना, अहंकार, आसक्ति आदि नहीं हैं, वह संसार में प्रवृत्त रहता हुआ भी निवृत्ति का फल पा लेता है।

प्रवृत्ति एवं निवृत्ति की कसौटी विषय नहीं, बल्कि भीतरी वासना है।

इसी क्रम में अष्टावक्रजी कहते हैं कि परिग्रह अर्थात् धन आदि का संग्रह, कुछ ग्रहण करने का त्याग वैराग्य नहीं है। मूढ़ पुरुष धन-संपत्ति, घर-बार आदि परिग्रह को छोड़ने को ही वैराग्य समझते हैं। पाने की आशा में कुछ त्याग करना न तो त्याग है और न वैराग्य। वह स्वार्थ मात्र है, वासना एवं तृष्णा ही है।

इसके विपरीत, ज्ञानी—जो आत्मा में रमण करनेवाला है, जिसकी सभी सांसारिक आशाएँ छूट गईं; जिसने संसार, उसकी संपत्ति, सुख आदि को क्षुद्र, नाशवान् एवं क्षणिक मानकर छोड़ दिया वह—न रागी है, न विरागी। उसे कुछ छोड़ना नहीं पड़ता, न वह परिग्रह को ही पाप समझता है।

धन-संपत्ति का होना संसारी होने का लक्षण नहीं है और न उनको छोड़ देना वैराग्य होने का लक्षण है। राग और विराग दोनों वासना के कारण होते हैं। वासना के रहते न ज्ञान है और न मुक्ति।

इसी क्रम में अष्टावक्रजी कहते हैं कि मूढ़ पुरुष हर समय इसी चिंता में लगा रहता है कि कितना उसके पास है और कितने का अभाव है, जिसकी पूर्ति करनी है। उसकी सारी बुद्धि, सारी चेतना इसी भाव-अभाव के घेरे में घूमती रहती है।

ज्ञानी की दृष्टि इन दोनों से ही मुक्त रहती है। वह न इसकी चिंता करता है कि उसके पास क्या है और न इसकी कि किसका अभाव है। वह जो है, उसी में संतुष्ट रहता है; क्योंकि यह भाव एवं अभाव का विचार वासना के कारण ही आता है। वह भाव अभाव-युक्त रहता है, उसकी दृष्टि उनपर नहीं जाती।

अष्टावक्रजी कहते हैं कि कर्म बंधन नहीं है, बंधन हैं—कामना, आसक्ति और अहंकार। ज्ञानी तथा अज्ञानी दोनों कर्म तो करते ही हैं। किंतु अज्ञानी के कर्म कर्तापन से होते हैं। उनमें आसक्ति, कामना, फलाकांक्षा होती हैं। वे ही बंधन का कारण हैं। पर ज्ञानी के कर्म स्वभाव से होते हैं, निष्काम होते हैं। उनके पीछे फलाकांक्षा नहीं होती। वे बालवत् खेल के समान होते हैं, इसलिए वे बंधन नहीं बनते। वह कर्मों द्वारा प्राप्त क्षुद्र सुख की कामना से रहित होकर कार्य करता है। उसके समस्त कार्य ईश्वर की इच्छा से होते हैं। वह केवल अपने को माध्यम बना देता है।

आत्मज्ञान में दो ही मुख्य बाधाएँ हैं—शरीर और मन। अज्ञानी की समस्त क्रियाएँ इन दोनों से संचालित हैं। ज्ञानी इन दोनों के पार एक तीसरी शक्ति को भी जान लेता है, जो इन सबकी साक्षी है, स्रोत है, वही सत्य एवं शाश्वत है।

अष्टावक्रजी कहते हैं कि जो इस मन का निस्तारण कर लेता है, वह एक बाधा को लाँघ जाता है। वह आत्मज्ञान का सुख प्राप्त कर सकता है। ज्ञानी इंद्रियगत समस्त कर्मों को करता हुआ भी (जैसे देखना, सुनना, स्पर्श करना, सूँघना, खाना आदि) उनके सब भावों में एकरस रहता है।

यह संसार मन का ही प्रक्षेपण है। जैसा मन होता है वैसा ही संसार दिखाई देता है। इसके पार है चेतना, जो आकाश की भाँति स्वच्छ, निर्मल एवं निर्दोष है, निर्विकल्प है; किंतु वह मन-रूपी विचारों के बादलों से

आच्छादित होने के कारण दिखाई नहीं देता। यद्यपि वह समस्त सृष्टि का आधार है।

अष्टावक्रजी कहते हैं कि जिस ज्ञानी का मन से तादात्म्य टूट गया, उसका संसार विलुप्त हो जाता है, उसकी भ्रांति मिट जाती है। वह साक्षी एवं द्रष्टा मात्र हो जाता है। उसे वह सब प्राप्त हो जाता है, जो पाना था। अत: ऐसे ज्ञानी के लिए न कोई साधना रह जाती है, न साध्य; न स्वर्ग, न मोक्ष; न आत्मा, न परमात्मा। क्षुद्र छूटकर विराट् हो जाता है, मुक्त हो जाता है, निर्विकल्प हो जाता है। यही ज्ञान की अंतिम स्थिति है।

अष्टावक्रजी बताते हैं कि संन्यास आरंभ है और समाधि अंत। अध्यात्म में आत्मज्ञान की प्राप्ति के मुमुक्षु व्यक्ति के विधिवत् शिक्षण के लिए संन्यास आरंभ है एवं उसकी समाप्ति होती है समाधि में, जहाँ संन्यासी आत्मज्ञान को प्राप्त कर स्वयं पूर्णानंद स्वरूप हो जाता है। संन्यास अवस्था में उसे विभिन्न प्रकार के नियम-संयम एवं अनुशासन से गुजरना पड़ता है; पर आत्मज्ञान के बाद इनकी आवश्यकता नहीं होती। समाधि में वह निरंतर अपनी आत्मा में रमण करता है, जो परमानंद-स्वरूप है। यही संन्यासी की सहज अर्थात् अकृत्रिम समाधि है।

वे कहते हैं कि जो सहज समाधि को प्राप्त कर निरंतर पूर्णानंदस्वरूप आत्मा में रमण करता है, वही संन्यासी जय को प्राप्त होता है। यही उसकी अंतिम उपलब्धि है।

इसी क्रम में अष्टावक्रजी कहते हैं कि जो व्यक्ति इस तत्त्वज्ञान को उपलब्ध हो गया, उसे वह सबकुछ मिल गया जो पाना था, इसलिए वह भोग और मोक्ष दोनों के प्रति निराकांक्षी हो जाता है। इस स्थिति के बाद उसकी इच्छाएँ, राग-विराग आदि सभी प्रकार की चित्तवृत्तियाँ पूर्ण शांत होकर एक ही आत्मतत्त्व में विलीन हो जाती हैं। जिस आत्मतत्त्व से आरंभ हुआ था, वहीं इनका फिर अंत हो जाता है। जीवन-चक्र का यही आरंभ एवं अंत है। यही पूर्णावस्था है।

अष्टावक्रजी कहते हैं कि संपूर्ण जगत् में जो भिन्नताएँ दिखाई देती हैं, वे सब रूप, रंग, गुण आदि के कारण हैं, जो भ्रांतिवश भिन्न प्रतीत होती

हैं। यह भिन्नता अज्ञान मात्र है, जो द्वैत का आधार है। एक ही चैतन्य ब्रह्म विभिन्न क्रिया-रूपों में प्रकट होता है। इस भ्रांति एवं अज्ञान के कारण ही विभिन्न प्रकार के कर्म करने पड़ते हैं।

जिसे आत्मबोध हो गया, जिसने उस परम तत्त्व को जान लिया, उसका यह संपूर्ण द्वैत जगत् छूट जाता है। ऐसा ज्ञानी उस अद्वैत आत्मा में ही स्थित हो जाता है। वह न कुछ छोड़ता है, न पाता है। केवल अज्ञान अथवा भ्रांति छूटती है और सत्य एवं ज्ञान को प्राप्त होता है। अज्ञानी भ्रम में ही जीता है एवं अज्ञान ही उसका संसार है।

आत्मज्ञान के बाद व्यक्ति स्वभाव से ही शांत हो जाता है, उसे शांति के लिए प्रयत्न नहीं करना पड़ता। संसार का यह सारा खेल इंद्रिय, अहंकार एवं वासना के कारण भिन्न प्रकार का दिखाई देता है। ज्ञान की स्थिति में ही इसके सत्य स्वरूप का बोध होता है। बोधप्राप्त पुरुष ही शांत चित्तवाला होता है। यह शांति उसकी स्वाभाविक होती है।

अष्टावक्रजी कहते हैं कि परमात्मा का कोई कारण नहीं है, प्रत्युत वह ही सबका कारण है। सृष्टि उस शक्ति का सहज स्फुरण है, जो अपने आप हो रहा है, किसी निश्चित उद्‌देश्य से नहीं किया जा रहा है, इसीलिए इसे भगवान् की लीला कहा गया है। किंतु मूढ़ कहते हैं कि परमात्मा ने संसार इसलिए बनाया है कि मनुष्य मुक्त हो सके, ज्ञान को प्राप्त हो सके। यह विकृत मस्तिष्क की मूढ़तापूर्ण दृष्टि है। अष्टावक्रजी कहते हैं कि ऐसी मूढ़तापूर्ण दृष्टि अज्ञानी की ही होती है, इसीलिए वह अपने को मुक्त करने के लिए अनेक प्रकार की विधियाँ अपनाता है, संसार से वैराग्य ले लेता है।

ज्ञानी इन दृश्य भावों को नहीं देखता। वह उस शुद्ध स्फुरण रूप आत्मा को ही देखता है, उसी का अनुभव करता है तथा परम शांत अवस्था में रहता है।

अष्टावक्रजी कहते हैं कि सृष्टि आत्मा का स्फुरण मात्र है, जो अनंत रूपों में स्फुरित हुई है। सृष्टि में जो अनंत रूप दिखाई देते हैं, वे सब प्रकृतिजन्य माया रूप हैं। यह स्फुरण शक्ति का प्रदर्शन है।

अज्ञानी इस स्थूल प्रकृति को ही देखता है एवं इसी से लुभायमान होता है। इसी को वह सबकुछ समझता है। यही उसका बंध है।

ज्ञानी उस जड़ प्रकृति को माया-रूप समझकर केवल उसके कारण रूप आत्मा अर्थात् चैतन्य में विश्राम कर स्थित रहता है। चेतना को उपलब्ध हुए ज्ञानी को न तो हर्ष होता है, न शोक। यह परमानंद की स्थिति है, जिसमें वह स्थित रहता है।

संसार की विवेचना करते हुए अष्टावक्रजी कहते हैं कि संसार मोह है, तृष्णा है, अहंकार है, काम है, लोभ है; घृणा, प्रेम, कामना एवं राग-द्वेष है। किंतु यह सब प्रकृतिजन्य सृष्टि को सत्य मानने के कारण है, जो भ्रम है, माया है। इसी अज्ञान के कारण जीव विभिन्न कष्टों को झेलता है।

वास्तव में बुद्धिपर्यंत संसार में माया-ही-माया है। इसमें सत्य कहीं भी नहीं है। सत्य तो केवल आत्मा है। जिस ज्ञानी ने आत्मा को जान लिया, वह ममता-रहित, अहंकार-रहित एवं कामना-रहित हो जाता है।

अज्ञानियों के अनेक मत, अनेक विचार एवं अनेक धारणाएँ होती हैं। उनके मत सत्य पर नहीं, दुराग्रह पर आधारित होते हैं। वे सत्य को जानना ही नहीं चाहते प्रत्युत जिसे वे मानते हैं, उसी को सत्य सिद्ध करना चाहते हैं।

ज्ञानी सत्य को जानता है। वह दुराग्रही नहीं होता। अतः सभी ज्ञानी एक मत के होते हैं। वे कहते हैं कि परमात्मा जीव से भिन्न नहीं। वह न स्वर्ग में है, न मंदिर-मसजिद में। वह बाहर भी नहीं है, जो ढूँढ़ने से मिल जाए। वह कोई पदार्थ भी नहीं है, जो आँखों से दिख जाए।

जिन्हें आत्मानुभूति हो गई है, वे कहते हैं कि यह परमात्मा ऊर्जा का सागर है। शरीरस्थ आत्मा वही ऊर्जा है, जिसे परमात्मा कहा जाता है। इससे भिन्न कोई परमात्मा नहीं है।

अष्टावक्रजी कहते हैं कि मनुष्य के समस्त कर्म, व्यवहार एवं आचरण चित्त की वृत्तियों का प्रक्षेपण हैं। जैसी चित्त की वृत्तियाँ होंगी वैसे ही उसके कर्म एवं आचरण होते हैं। आचरण एवं कर्म बदलने से मन नहीं बदलता।

पतंजलि कहते हैं कि चित्त की वृत्तियों का निरोध ही योग है, पर

अष्टावक्रजी कहते हैं कि इस निरोध के लिए जो कर्म किए जाते हैं, उनसे चित्त का निरोध नहीं होता; क्योंकि उन कर्मों के पीछे वासनाएँ, अपेक्षाएँ, कामनाएँ होती हैं, फिर निरोध कैसे होगा? इसलिए चित्त के निरोध के लिए किए जानेवाले सभी कर्मों एवं आचरणों का त्याग कर देना चाहिए। जो कुछ प्राप्त होगा, वह बोध से ही होगा, कर्म से नहीं; क्योंकि कर्म में अहंकार, वासना, फलाकांक्षा होती हैं, जो चित्त-निरोध में बाधक हैं।

अष्टावक्रजी कहते हैं कि आचरण एवं कर्मों को करना या छोड़ना महत्त्वपूर्ण नहीं है प्रत्युत महत्त्वपूर्ण है मूढ़ता छोड़ना, अज्ञान अथवा भ्रांति को छोड़ना।

मनुष्य में अनेक प्रकार की मूढ़ताएँ होती हैं, जैसे—अहंकार, वासना, कामना, फलाकांक्षा आदि। इनके रहते जो भी कर्म, आचरण एवं व्यवहार होते हैं, सभी मूढ़तापूर्ण होते हैं। ऐसे मूढ़ बाहरी प्रयत्नों से निर्विकल्प चाहे हो जाएँ और वासना, अहंकार, कामना आदि को त्यागने का नाटक भी कर लें, तो भी मंद बुद्धि के कारण उनके मन में विषयों की लालसा बनी ही रहती है, इसलिए वे आत्मज्ञान को प्राप्त नहीं हो सकते।

अष्टावक्रजी कहते हैं कि ज्ञानी एवं अज्ञानी दोनों ही कर्म करते हैं। उनके कर्मों में बाहरी अंतर न होने पर भी भीतर बड़ा अंतर है।

ज्ञानी के कर्म स्वभाव से होते हैं, लोकहितार्थ होते हैं, आवश्यक एवं नैमित्तिक होते हैं। वह सब कर्म ईश्वरेच्छा समझकर करता है। उनके पीछे कोई वासना, फलाकांक्षा, अहंकार आदि नहीं होते। इसके विपरीत, अज्ञानी के कर्मों के पीछे फल-प्राप्ति की इच्छा रहती है, अहंकार रहता है।

अष्टावक्रजी कहते हैं कि ज्ञान से कर्म नष्ट हो जाते हैं, फिर ज्ञानी को कर्म करने की आवश्यकता ही नहीं होती; किंतु ऐसा ज्ञानी भी लोक-दृष्टि से कर्म करता है, जो लोक-हित में है। वह स्वर्ग-प्राप्ति की दृष्टि से या फलाकांक्षा से कोई कर्म नहीं करता।

चित्त में वृत्तियाँ हैं, वासनाएँ हैं, कामनाएँ हैं, अनेक जन्मों में जो कुछ मिला है उन सबका संगृहीत नाम चित्त है। बुद्धि इनका सत् एवं असत् में विभाजन करती है, जैसे—सुख-दुःख, लाभ-हानि, प्रेम-घृणा,

हिंसा-अहिंसा, प्रकाश-अंधकार, त्याग-ग्रहण आदि; किंतु अस्तित्व में भिन्न कुछ भी नहीं है।

नैतिक व्यक्ति उपर्युक्त वृत्तियों के सत्-असत् के विभाजन में भेद करता है। वह बुरे की जगह अच्छे को, अंधकार की जगह प्रकाश को लाना चाहता है। धार्मिक व्यक्ति सबकुछ ईश्वरीय समझकर दोनों को स्वीकार कर लेता है, ज्ञानी उस एक आत्मा को जानकर सर्वदा निर्भय और निर्विकार हो जाता है, उसकी भेद-दृष्टि ही समाप्त हो जाती है।

अष्टावक्रजी कहते हैं कि जहाँ भय है वहीं निर्भयता होती है; जहाँ मूढ़ता है वहीं विवेकशीलता है; जहाँ व्याकुलता है वहीं धैर्य की बात होती है, किंतु योगी—जिसने उस समय परम रस को जान लिया है—वह सभी द्वंद्वों से पार, एकरस हो जाता है। वह आत्मा के स्वभाव के अनुकूल चलता है, जिसे संसारी नहीं जान सकता; क्योंकि वह सिद्धांतों, मान्यताओं, परंपराओं, रूढ़ियों, आदतों में नहीं जीता। अज्ञानी ही नियम-संयम, मर्यादा, अनुशासन, सिद्धांत, कर्तव्य, विवेक आदि में बँधकर जीता है।

अष्टावक्रजी कहते हैं कि आत्मज्ञान मन के तल से आगे की स्थिति है, जहाँ भिन्नता समाप्त हो जाती है।

वे बताते हैं कि मृत्यु के उपरांत केवल शरीर छूटता है, बाकी सूक्ष्म शरीर, मन, चित्त, अहंकार आदि सभी को लेकर वह जीवात्मा अपनी अगली यात्रा पर निकलता है। पुनर्जन्म से पूर्व जीवात्मा एक निश्चित अवधि तक भटकता रहता है। वह अपने अहंकार एवं वासना आदि के कारण सुख-दुःख का अनुभव करता है। सरल आत्माएँ सुख का तथा दुष्ट आत्माएँ दुःख का अनुभव करती हैं। यही उनके स्वर्ग और नरक हैं, जो चित्त की ही दशाएँ हैं। मुक्ति इनके पार की अवस्था है।

वास्तव में स्वर्ग एवं नरक वासना ही हैं। जब वासना एवं अहंकार समाप्त हो जाते हैं तो केवल आत्मा ही शेष रहती है और वही सत्य है।

वासना और अहंकार से मुक्त पुरुष ब्रह्म ही है। अधोगति, नरक वासना का ही फैलाव है। संपूर्ण सृष्टि का आरंभ और अंत यही ब्रह्म है। जीवात्मा का यही सर्वोच्च शिखर है, यह मंजिल है। योग की यही मान्यता सर्वोपरि है।

अष्टावक्रजी द्वैतवादी एवं अद्वैतवादी की मान्यताओं की चर्चा करते हुए कहते हैं कि द्वैतवादी ईश्वर को जीव से भिन्न मानता है, वह ईश्वर को सर्वशक्तिमान, दयालु, कृपालु, नियंता, स्रष्टा और सहायक मानता है तथा स्वयं को निर्बल, अशक्त, अज्ञानी और पापी जीव समझता है, इसलिए वह निरंतर परमात्मा की कृपा का प्रसाद पाने हेतु उनकी प्रार्थना करता है।

अद्वैतवादी सृष्टि से, जीव से भिन्न किसी को नहीं मानता। शरीरस्थ आत्मा ही उसका ईश्वर है।

अद्वैतवादी आत्मा के परमानंद में सर्वदा निमग्न रहता है। उसके चित्त से क्षुद्र वासनाएँ, अहंकार आदि छूट जाते हैं तथा वह आत्मरूपी अमृत से पूरित हो जाने से शांत एवं शीतल हो जाता है। वह न किसी क्षुद्र लाभ के लिए प्रार्थना करता है, न हानि की चिंता। वह सदा आत्मा में स्थित होकर महान् सुख का भोग करता है।

अष्टावक्रजी कहते हैं कि मनुष्य के भीतर जो भरा होता है, वह बाहर निकलता है। यदि भीतर प्रेम, दया, करुणा, अहिंसा, सहृदयता आदि गुण भरे हैं तो बाहर प्रशंसा, सहायता, सेवा, धन्यवाद, आशीर्वाद आदि के रूप में प्रकट होते हैं।

जिसके भीतर घृणा, हिंसा, अहंकार, स्वार्थ, ईर्ष्या, क्रोध आदि भरे हैं तो बाहर निंदा, झगड़ा, क्लेश, जिद, आग्रह, दुराग्रह, दूसरों को सताना, यातना देना, हिंसा आदि अनेक रूपों में प्रकट होंगे।

सज्जन किसी की निंदा नहीं करते, किंतु ज्ञानी तो प्रशंसा भी नहीं करते। निंदक एवं प्रशंसक दोनों वासनाग्रस्त हैं, दोनों के न्यस्त स्वार्थ हैं। ज्ञानी की चित्त की वृत्तियों के शांत हो जाने से उसके भीतर निंदा व प्रशंसा दोनों ही तरंगें नहीं उठतीं। वह राग-द्वेष के पार हो जाता है। ऐसा ज्ञानी निष्काम, कामना-रहित हो जाता है। उसका किसी में आग्रह ही नहीं होता। यही समचित्त की दशा है। ऐसा व्यक्ति ही तृप्त, सुखी और शांत होता है। यह योगी की परम दशा है। ऐसी स्थिति में पहुँचे ज्ञानी को कुछ भी करना शेष नहीं रहता, वह अकर्ता हो जाता है। वह चेष्टा से नहीं, स्वभाव से करता है।

अष्टावक्रजी कहते हैं कि राग होने से ही द्वेष पैदा होता है। राग के कारण ही आसक्ति होती है, उसी से अपेक्षाएँ होती हैं। जिनके पूरा न होने पर ही द्वेष पैदा होता है।

ज्ञानी का संसार से न कोई राग होता है, न आसक्ति एवं अपेक्षाएँ ही होती हैं। अतः उसे द्वेष भी नहीं होता। वह आत्मा को देखने की भी इच्छा नहीं करता। आत्मा अदृश्य है, उसे देखा नहीं जा सकता। उसकी अनुभूति होती है, बोध होता है। देखने की इच्छा होना भी वासना है, जिसके रहते आत्मानुभूति नहीं हो सकती। ज्ञानी नित्य आत्म-सुख का अनुभव करता है, जिससे वह हर्ष-शोक से मुक्त हो जाता है।

ज्ञानी कुछ करता ही नहीं, किंतु वह आलसी-अकर्मण्य नहीं होता प्रत्युत पूर्ण जीवंत हो जाता है।

अष्टावक्रजी कहते हैं कि अज्ञानी अर्थात् संसारी की अपनी दृष्टि होती है, ज्ञानी की दृष्टि इससे भिन्न होती है।

अज्ञानी अपने पुत्र-स्त्री आदि के प्रति बड़ा स्नेह दिखाता है। वह हमेशा विषयों की ही कल्पना करता रहता है तथा अपने शरीर के पोषण की ही चिंता करता है। वह हमेशा आशाओं में जीता है।

ज्ञानी का भी पुत्र-स्त्री आदि के प्रति स्नेह तो होता है, किंतु उनके प्रति कामनाएँ, वासनाएँ पागलपन नहीं। वह भी शरीर-रक्षण करता है, किंतु उसके रक्षण की चिंता नहीं करता। वह सभी आशाओं से मुक्त रहता है।

अष्टावक्रजी कहते हैं कि चूँकि ज्ञानी परम को पा लेता है, इसलिए वह क्षुद्र की वासना से मुक्त हो जाता है। वह कर्म भी करता है, पर उसमें फलाकांक्षा की वासना नहीं होती। कर्म के फलस्वरूप जो उसे मिल जाता है, उसी से संतुष्ट रहता है। वह स्व-निर्भर होता है, अतः भोजन के लिए भी दूसरों पर निर्भर नहीं होता। वह संसार को बंधन मानता है तो फिर शरीर-पोषण के लिए किसी से क्यों बँधेगा! वह बंधनों से पार हो जाता है। ऐसा ज्ञानी सर्वत्र संतुष्ट रहता है।

इसी क्रम में अष्टावक्रजी कहते हैं कि ऐसा ज्ञानी सांसारिक नियमों व बंधनों में न जीकर अपने आत्मा के स्वभाव में जीता है। वह संसार को

विस्मृत कर देता है। वह देह की वासना को भी छोड़ देता है। वह मृत्यु को आनंद के साथ स्वीकार करता है। जो जीवन में शांत एवं संतुष्ट रहता है, वह मृत्यु के समय भी शांति का अनुभव करता है। इसलिए ज्ञानी कभी मरता नहीं प्रत्युत केवल देह-त्याग करता है। आत्मा ही उसका स्थायी निवास है, उसी में लीन रहता है।

अष्टावक्रजी का कथन है कि जहाँ आसक्ति है वहीं बंधन है। संसार, स्त्री, पुत्र, धन, धर्म, जाति, वर्ण आदि संकीर्ण घेरों में मनुष्य आसक्ति एवं अज्ञान के कारण स्वयं बँधा है; क्योंकि उसके प्रति उसका निहित स्वार्थ है।

ज्ञानी अपने को इन सब बंधनों से मुक्त कर लेता है। वह द्वंद्व-रहित होकर परमानंद में रहता है तथा संशय-रहित होता है। आसक्ति होने से मनुष्य क्षुद्र से बँध जाता है। ज्ञानी आसक्ति-रहित होने से विराट् का सुख भोगता है।

अज्ञानी शरीर-सुखों के भोगों को ही भोगता है। शरीर-सुख क्षुद्र है। आत्म-सुख विराट् है, जिसमें रमण करनेवाला ज्ञानी ही सब भावों में रमण करता है।

अष्टावक्रजी कहते हैं कि मनुष्य रुग्ण है, यह बीमारी भीतरी है, जो दवा पीने से ही दूर होगी। शास्त्रों तथा उपदेशों से कुछ नहीं होगा। जब तक भीतरी ममता है, वस्तुओं में भेद ज्ञात होता है। सोना, पत्थर, मिट्टी में भेद मालूम होगा। सोना इसलिए मूल्यवान् मालूम होता है, क्योंकि उसके प्रति ममता है, मोह है, अन्यथा वह निर्मूल्य है।

आवश्यकताएँ पूरी करना आसक्ति नहीं है, न बुरा ही है; परंतु आसक्ति के कारण अनावश्यक वस्तुओं का संग्रह करना बुरा है। कई व्यक्ति मकान, जमीन-जायदाद, धन आदि का संग्रह आवश्यकता-पूर्ति हेतु न करके अहंकार की तृप्ति हेतु करते हैं। यह मानसिक रुग्णता है।

ज्ञानी स्वस्थ चित्तवाला होता है। उसमें मानसिक रुग्णता नहीं होती। वह स्वस्थेंद्रिय होता है। वह ममता-रहित, आसक्ति-रहित निर्द्वंद्व हो जाता है। अतः उसे मिट्टी-सोना में भेद नहीं दिखाई देता।

अष्टावक्रजी कहते हैं कि वासनाओं से ही इच्छाएँ पैदा होती हैं, जो अनंत हैं। वे कभी पूरी नहीं की जा सकतीं। ऐसा वासना-युक्त व्यक्ति सबकुछ पाकर भी अतृप्त रहता है। जिसमें वासना है, वह हमेशा व्यवधानों में उलझा रहता है। ज्ञानी वासना-मुक्त होने से व्यवधान-मुक्त रहता है। वह शांत एवं पूर्ण तृप्त हो जाता है। वह पूर्ण हो जाता है।

अज्ञानी अहंकार तथा वासना से ग्रस्त होता है। वह अपने स्वार्थ के कारण अंधा हो जाता है। संकीर्णता—जिससे उसके जानने, देखने तथा बोलने में संकीर्णता होती है, उदारता नहीं। अहंकारवश वह जो नहीं जानता, उसको भी जानने का दावा करता है।

ज्ञानी सबकुछ जानकर भी कहता है कि वह कुछ भी नहीं जानता। सबकुछ स्पष्ट, प्रत्यक्ष देखता हुआ भी कहता है कि मैं कुछ नहीं देखता। उसके बोलने में दुराग्रह नहीं होता, क्योंकि वह वासना एवं अहंकार-रहित है।

अष्टावक्रजी एक उत्कृष्ट उपमा देते हुए कहते हैं कि जीवन एक त्रिवेणी है, जिसमें गंगा-यमुना तो प्रकट हैं, किंतु तीसरी सरस्वती गुप्त है। इसी प्रकार जीवन में भी शरीर एवं मन तो प्रकट हैं, पर चेतना गुप्त है।

अज्ञानी शरीर एवं मन को ही जानता है, किंतु ज्ञानी चेतना को भी जान लेता है। जो मन के तल पर ही जीते हैं, उन्होंने सृष्टि को दो भागों में विभाजित कर दिया है। इस कारण ही सृष्टि में भेद दिखाई देता है। किंतु ज्ञानी उस गुप्त शक्ति चेतना को जान लेता है, इसलिए समस्त भेद समाप्त हो जाते हैं। उसे एकत्व का अनुभव हो जाता है। इसी को सत्य तथा ज्ञान कहा जाता है। भेद मात्र अज्ञान के कारण है।

मन वासना-युक्त, विलासी एवं स्वार्थी है। अतः वह हमेशा भेद ही ढूँढ़ता है। अच्छे-बुरे में भेद करता है। अपनी वासना एवं स्वार्थों के अनुकूल होने पर उसे अच्छा तथा प्रतिकूल होने पर बुरा कह देता है।

ज्ञानी मन के पार हो जाता है। उसका अस्तित्व से मिलन हो जाता है। अस्तित्व में कोई भेद नहीं होता। व्यक्ति की श्रेष्ठता धन, पद, मान-सम्मान आदि से नहीं आँकी जाती है, प्रत्युत उसके निजी गुणों के आधार पर आँकी

जाती है। वासना एवं अहंकार-रहित ज्ञानी ही श्रेष्ठ है, क्योंकि वह क्षुद्र को छोड़कर महान् को उपलब्ध हो गया है।

जो योगी ज्ञान को प्राप्त हो गया है, जिसने सृष्टि के मूल तत्त्व आत्मा को जान लिया, वह निष्कपट, सरल तथा यथार्थ चरित्रवाला हो जाता है। वह अस्तित्व के साथ जीता है। अस्तित्व ही उसका अनुशासन, नियम-संयम होता है।

अष्टावक्रजी कहते हैं कि आत्मज्ञान के बाद व्यक्ति तृप्त हो जाता है। निस्पृह (इच्छा-रहित) तथा शोक-रहित हो जाता है। इस स्थिति में जो विश्राम में स्थित हैं, उसे वे विचित्र अनुभव होते हैं, जो सांसारिक अनुभवों से सर्वदा भिन्न होते हैं, जिनको कहा नहीं जा सकता।

आत्मज्ञान बोध से होता है। एक अनुभूति होती है। इसमें पुरानी धारणाएँ-मान्यताएँ सब नष्ट हो जाती हैं। आत्मा का बोध चित्त की निर्विकार एवं शून्यावस्था में ही होता है। इसी का नाम ध्यान और समाधि है। ध्यान में विषय नहीं होता। चिंतन-मनन भी ध्यान नहीं है। ध्यान किया भी नहीं जाता। अक्रिय ही ध्यान है। इसी में होता है—ज्ञान, बोध, जागरण। इस अनुभूति के बाद व्यक्ति स्वयं को आत्मवत् अनुभव करता है। वह ब्रह्म को जान लेता है, इसलिए वह ब्रह्म हो जाता है, जो एक उपलब्धि है। उसमें नम्रता आ जाती है। अहंकार एवं वासना लुप्त हो जाते हैं। वह श्रेष्ठ हो जाता है।

इस ज्ञान-प्राप्ति की पाठशाला है संन्यास तथा अंतिम फल है आत्मानुभूति। यहाँ पहुँचकर व्यक्ति मुक्त हो जाता है। यही जीवन की अंतिम परिणति है, परमानंद की स्थिति है।

अष्टावक्रजी ज्ञानी और अज्ञानी के सोने की अवस्था में भेद बताते हुए कहते हैं कि ज्ञानी एवं अज्ञानी दोनों ही सोते हैं, किंतु अज्ञानी जब स्वप्नावस्था में होता है तो स्वयं को भूल जाता है। तब वह एक दूसरी ही दुनिया में प्रवेश कर जाता है। सुषुप्ति में जब गहरी नींद में सोता है तब स्वप्न भी खो जाते हैं। उसे न संसार का भय रहता है, न स्वयं का। किंतु ज्ञानी की निद्रा संसारी से भिन्न होती है। वह स्वप्न में भी जागा हुआ रहता है। यह दशा साक्षी-भाव का प्रयोग करने पर संभव है। सुषुप्ति में भी वह जागा

हुआ रहता है। उस समय जीव का संबंध आत्मा से होता है, जिससें उसे आनंद की अनुभूति होती है। वह जाग्रत्, स्वप्न एवं सुषुप्ति—तीनों अवस्थाओं में आत्मा का ही अनुभव करता है।

अष्टावक्रजी कहते हैं कि ज्ञानी पुरुष भी चिंतायुक्त होता है; किंतु चिंतित नहीं होता, दुःखी नहीं होता। उसकी इंद्रियाँ अपना-अपना कार्य करती हैं, जैसे—खाना-पीना, सूँघना, सुनना, स्वाद लेना, स्पर्श करना, देखना आदि। यह सब यथावत् होता है; किंतु ज्ञानी में वासना न होने से वह उसमें आसक्त नहीं होता।

ज्ञानी बुद्धि का भी प्रयोग करता है, किंतु वह विवेकपूर्ण उपयोग करता है। वह सृष्टि के नियमों में न तो बाधा डालता है और न सहयोग करता है। जैसा होता है, उसे ईश्वरीय समझकर हो जाने देता है।

ज्ञानी की स्थिति द्वंद्वों से पार की होती है। वह समत्व बुद्धिवाला होता है तथा सदा एकरस रहता है। घड़ी के पेंडुलम की तरह एक अति से दूसरी अति को नहीं छूता।

ज्ञान अति में नहीं, समत्व में है, एकरसता में है। अहंकार अतियों में ही आनंद लेता है।

थोड़ा सा भी झुकाव एक ओर हुआ कि सारी साधना व्यर्थ चली जाती है। इसीलिए अष्टावक्रजी कहते हैं कि ज्ञानी न सुखी है, न दुःखी; न अनुरक्त है, न विरक्त; न मुमुक्षु है, न मुक्त। जो है, उसी में संतुष्ट रहता है।

जो ज्ञानी आत्मज्ञान के कारण सम स्थिति को प्राप्त हो जाता है, वह विक्षेपों को भी सहन कर लेता है, उसमें पांडित्य होता है, पूर्ण ज्ञान भी होता है; पर उसमें अन्य पंडितों की तरह अहंकार नहीं होता। पांडित्य-प्रदर्शन की भावना भी नहीं होती। वह तर्क-वितर्क में विश्वास न करके ज्ञान को सहज एवं स्वाभाविक रूप से जैसा है वैसा ही प्रस्तुत कर देता है।

अष्टावक्रजी कहते हैं कि जिसे ज्ञान हो गया, वही मुक्त है। अज्ञानी बंधनग्रस्त होता है; कामना, वासना, अहंकार से पीड़ित रहता है।

जो इन बंधनों को तोड़ चुका है, ऐसा मुक्त पुरुष ही स्वस्थ है। वह किए तथा करने योग्य कर्म—दोनों से तृप्त रहता है। कर्म के प्रति उसकी

वासना एवं फलाकांक्षा नहीं होती। वह कर्मों को सहज भाव से कर लेता है।

ज्ञानी को न कुछ पाना, न कुछ छोड़ना शेष रहता है। अतः न वह पश्चात्ताप करता है, न प्रसन्नता एवं गर्व का अनुभव करता है। ज्ञानी की स्थिति ही परम स्थिति है।

प्रशंसा एवं निंदा से जो प्रभावित होता है, वह ज्ञानी नहीं हो सकता, क्योंकि उसके भीतर अहंकार है।

अष्टावक्रजी कहते हैं कि मुक्त पुरुष मृत्यु के समय उद्विग्न नहीं होता, क्योंकि वह उसे स्वाभाविक मानता है, सृष्टि का नियम मानता है और न ही वह जीवन से हर्षित होता है। ये सब चित्त की तरंगें हैं, विक्षेप हैं, जिनसे वह अप्रभावित रहता है। ऐसा ज्ञानी ही मुक्त है, वह आत्मा में जीता है। जो नित्य है, अमृत है। उसकी मृत्यु नहीं होती। वह केवल देह-त्याग करता है। आत्मा ही उसका स्थायी निवास है।

भाग-दौड़ वही करता है, जिसे कुछ पाना होता है, जिसमें वासना और तृष्णा हैं। यह वासना चाहे सांसारिक हो या मोक्ष की, वासना तो वासना ही है। जिस ज्ञानी ने परम तत्त्व को जान लिया, जिसे आत्मानुभव हो गया, जिसे परम मिल गया, जो मुक्त हो गया, उसकी सारी इच्छाएँ-आकांक्षाएँ समाप्त हो जाती हैं। उसे सृष्टि में एकत्व का अनुभव हो जाता है। ऐसा ज्ञानी शांत बुद्धिवाला हो जाता है। वह सभी स्थानों पर तथा सभी स्थितियों में समान भाव से अवस्थित रहता है। जो है, उसी में संतुष्ट रहता है। यही जीव-मुक्ति की परम स्थिति है।

□

उन्नीसवाँ प्रकरण

(परम अवस्था आत्मा में स्थित रहना है)

तत्त्व ज्ञान के बाद अष्टावक्रजी ने राजा जनक को आत्मज्ञान के रूप में शांति का उपदेश देकर विदा किया। राजा जनक अष्टावक्रजी के प्रति आभार व्यक्त करते हुए अपनी आत्मज्ञान की स्थिति का वर्णन कर रहे हैं, जो गुरु की कृपा से प्राप्त हुई है।

राजा जनक कहते हैं कि आत्मज्ञान पूर्ण शल्य-क्रिया है, जिसमें सभी विजातीय तत्त्व छूट जाते हैं एवं शुद्ध आत्मज्ञान ही बचा रहता है, जो स्वयं का है।

आत्मज्ञान एक ऐसी प्रक्रिया है, जहाँ अज्ञानजनित सभी संस्कारों का परिशोधन हो जाता है एवं आत्मा-रूपी स्वर्ण प्राप्त हो जाता है। इसमें मन, बुद्धि, स्मृति, शरीर, अहंकार, संकल्प-विकल्प, विचार, शास्त्र, धर्म, कामनाएँ, वासनाएँ आदि छूट जाते हैं, क्योंकि आत्मा के लिए ये समस्त विकृतियाँ ही हैं, विजातीय तत्त्व हैं, जिनका आत्मा से कोई संबंध नहीं है। मृत्यु के समय केवल शरीर छूटता है, अन्य सभी तो साथ जाते हैं। ये ही तत्त्व बार-बार जन्म लेने का कारण बनते हैं; किंतु आत्मज्ञान में ये सभी छूट जाते हैं, इसलिए आत्मज्ञान को महामृत्यु कहा गया है। इसके बाद जो शेष बचता है, उसी का नाम 'आत्मा' है।

विचार भी मृत्यु के बाद साथ जाते हैं। इन्हीं से पुनर्जन्म होता है। सुख-दुःख एवं सभी द्वंद्व विचारों के कारण हैं। अतः विचार ही संसार है। निर्विचार साधना ही ध्यान है। इसकी उपलब्धि समाधि है। यही आत्मज्ञान है।

राजा जनक अष्टावक्रजी के प्रति अपना आभार व्यक्त करते हुए कहते हैं कि मैंने आपके तत्त्व ज्ञान-रूपी सँड़सी से हृदय तथा उदर से अनेक प्रकार के विचार-रूपी बाणों को निकाल दिया है। अब मैं पूर्ण स्वस्थ हूँ।

आत्मा हमारा स्वभाव है, वही सत्य है, आनंद है। उसे प्राप्त कर लेना ही सबसे बड़ी महिमा है। दूसरे के द्वारा दी गई महिमा झूठी है, धोखा है। दूसरा जो देता है, वह उसे छीन भी सकता है।

राजा जनक कहते हैं कि मैं अपनी महिमा में स्थित हो गया हूँ। आत्मा मेरी महिमा है। इसे मैंने स्वयं प्राप्त किया है। इसको कोई छीन नहीं सकता। यही सत्य और शाश्वत है, जो सदा मेरी है। आत्मा कभी अलग नहीं हो सकती है।

उस निज की महिमा अर्थात् आत्मज्ञान को प्राप्त करने के लिए विभिन्न साधनों का प्रयोग किया जाता है, जैसे—धर्म, अर्थ, काम, विवेक, ध्यान, धारणा, समाधि, जप-पूजा, श्रवण, निदिध्यासन, शास्त्र, गुरु, सत्संग आदि; किंतु उपलब्धि के बाद इनका कोई उपयोग नहीं है। शास्त्रों में कहा गया है कि 'उत्तीर्णेतु गते पारे नौकाया: किं प्रयोजनम्'—अर्थात् जब नदी के पार उतर गए, तब नौका का कोई प्रयोजन नहीं रह जाता, उसे छोड़ देना ही बुद्धिमत्ता है।

राजा जनक कहते हैं कि मैं अपनी महिमा में स्थित हो गया हूँ, अत: धर्म की भी कोई जरूरत नहीं है, क्योंकि धर्म में उपलब्धि की विधियों का समावेश होता है, जैसे—आचरण, कर्मकांड, योग, भक्ति, पूजा-पाठ आदि। धर्म वह विधि है, जो आत्मज्ञान की ओर ले जाती है।

राजा जनक कहते हैं कि आत्मा नित्य, शाश्वत, अजन्मा, निराकार एवं निर्लिप्त है। अत: उसके लिए भूत, भविष्य तथा वर्तमान ही नहीं, वह कालातीत है, सर्वत्र व्याप्त है।

जिस ज्ञानी ने आत्मा को जान लिया, उसने ब्रह्म को जान लिया, वह ब्रह्मवत् हो गया।

आत्मा, परमात्मा, ईश्वर, ब्रह्म आदि नाम देने से ही अनेक भ्रांतियाँ उत्पन्न हो गई हैं, जैसे—यह कोई पदार्थ है, तत्त्व है, जो देखा, जाना तथा

पाया जा सकता है। इन भ्रांतियों के कारण सत्य लुप्त हो गया है।

सत्य को कहा नहीं जा सकता है। जो कहा जा सकता है, वह सत्य नहीं है। शब्दों में उतरते ही वह असत्य हो जाता है, इसलिए ज्ञानी मौन हो जाते हैं। ध्यान अथवा समाधि में आत्मा के दर्शन नहीं होते, साक्षात्कार नहीं होता। उस स्थिति में जो कुछ अनुभव होता है, उससे आत्मा का अनुमान लगाया जाता है कि यह आत्मा है।

राजा जनक की अभिव्यक्ति अधिक स्पष्ट है कि उस स्थिति में पहुँचकर आत्मा-अनात्मा का भेद समाप्त हो जाता है। वहाँ केवल आनंद का बोध होता है, व्यक्ति शांत हो जाता है एवं ऐसी प्रतीति होती है, जिसका वर्णन नहीं किया जा सकता। यही चरम स्थिति है, जहाँ पहुँचकर ज्ञानी पूर्णता का अनुभव करता है। यही उसकी महिमा है।

ऐसा ज्ञानी जाग्रत्, स्वप्न, सुषुप्ति एवं तुरीय—चारों अवस्थाओं के पार हो जाता है। ये चारों अवस्थाएँ शरीर, मन एवं बुद्धि की ही हैं। तुरीय अवस्था भी अंत:करण की है। चेतना उनसे पार की अवस्था है, जहाँ इनका कोई भी अनुभव नहीं होता।

आत्मा की महिमा में स्थित हुए ज्ञानी के लिए दूर-समीप, बाहर-भीतर, स्थूल-सूक्ष्म का भेद समाप्त हो जाता है; क्योंकि आत्मा दूर भी है, पास भी; बाहर भी है, भीतर भी; स्थूल भी है और सूक्ष्म भी। ऐसी ही सृष्टि है। जो पिंड में है, वही ब्रह्मांड में है।

आत्मा का न जन्म होता है, न मृत्यु। वह तो सदा है। आत्मज्ञानी आत्मवत् हो जाने से कहता है कि न मेरी मृत्यु है, न जीवन मृत्यु और जीवन शरीर का होता है। आत्मा अमर है।

राजा जनक कहते हैं कि जो ज्ञानी पूर्णता को प्राप्त हो गया है, उसके लिए धर्म, अर्थ, काम आदि की कोई अपेक्षा नहीं रहती; क्योंकि सिद्धि प्राप्त होने पर साधन व्यर्थ हो जाते हैं। योगी आत्मा में स्थित होकर सबकुछ पा लेता है। यही परम धर्म है।

□

बीसवाँ प्रकरण

(आत्म-स्थिति में सभी द्वंद्व समाप्त हो जाते हैं)

राजा जनक अपनी जीवन्मुक्ति की दशा का वर्णन करते हुए कहते हैं कि मैं आत्मा में अवस्थित हो गया हूँ, इसलिए सब विकारों से मुक्त हूँ। मेरा यह आत्म-स्वरूप निरंजन, निर्दोष, अद्वय एवं शुद्ध है। उसमें कोई भी विजातीय तत्त्व नहीं है। सब संयुक्त है। भिन्नता कहीं भी दिखाई नहीं देती।

मैं चित्त नहीं, आत्मा हूँ, अत: मेरे स्वरूप में ये पंचभूत—देह, इंद्रियाँ, मन आदि नहीं हैं। यही आत्मा की महिमा है।

राजा जनक कहते हैं कि आत्मज्ञान की प्राप्ति पर मैं द्वंद्व-रहित हो गया हूँ। अब न मुझे शास्त्र की आवश्यकता है, जिनसे मैं जानूँ कि आत्मा कैसी है, न आत्म-विज्ञान की; क्योंकि अध्ययन से जो जाना जाता है, वह बौद्धिक होता है। मैं तो स्वयं आत्मा हूँ, अत: मुझे शास्त्र-विज्ञान पढ़ने की क्या आवश्यकता?

विषय छोड़ने पर विषय-रहित मन की कल्पना कहाँ रही? इस स्थिति में तृप्ति भी नहीं, क्योंकि तृप्ति का अनुभव तो अतृप्त को होता है। अब तृष्णा का भी अभाव हो गया है। ऐसी स्थिति में मैं अवस्थित हूँ।

आत्मज्ञानी की स्थिति की अभिव्यक्ति करना कठिन होता है। राजा जनक उस स्थिति का वर्णन करने का प्रयास कर रहे हैं कि आत्मा ही निज स्वरूप है। सभी स्वरूप ओढ़े हुए होते हैं, जो भ्रम से सत्य प्रतीत होते हैं। अत: ये सब माया मात्र हैं।

आत्मा में विद्या अर्थात् ज्ञान तथा अविद्या अर्थात् संसार भी नहीं है, क्योंकि दोनों ही भ्रांतियाँ हैं, माया हैं। आत्मा में 'मैं' अथवा 'यह' का भेद नहीं होता। आत्मा एक ही है, उसमें दूसरा कोई है ही नहीं, इसलिए यह भेद भी नहीं रहता। आत्मा का कोई बंध नहीं, इसलिए मोक्ष भी नहीं है। बंध तो अज्ञान के कारण होता है। आत्मा स्वयं ज्ञान है, वह तो नित्य है, बंध और मोक्ष दोनों का कारण अहंकार होता है।

शास्त्र कहते हैं कि आत्मज्ञान होने पर संचित कर्म नष्ट हो जाते हैं तथा क्रियमाण कर्म का फल नहीं भोगना पड़ता, क्योंकि कर्तापन न होने से भोक्तापन भी नहीं रहता, किंतु प्रारब्ध कर्म तो भोगने ही पड़ते हैं।

राजा जनक सभी शास्त्रों की मान्यता के परे की बात कहते हैं कि मैं आत्मा हूँ, जो सदैव निर्विशेष है, क्योंकि वह अद्वैत है, सभी विशेषताओं से परे है।

आत्मा में दो हैं ही नहीं, इसलिए सामान्य और विशेष का भेद भी उसमें नहीं है। यह भेद तो द्वैत के कारण ज्ञात होता है, जो अज्ञान मात्र है। इसलिए आत्मा का प्रारब्ध भी नहीं है। यदि प्रारब्ध कर्म है और उन्हें भोगना है तो इसका यह अर्थ है कि भोगनेवाला अहंकार विद्यमान है।

आत्मज्ञानी अहंकार-रहित, शुद्ध चैतन्य मात्र होता है, जो न कर्ता है, न भोक्ता, फिर प्रारब्ध कर्म का अस्तित्व ही कहाँ रहा? उसे भोगनेवाला अहंकार रहा नहीं और आत्मा भोगती नहीं। आत्मा में स्थिर हो जाना ही परमावस्था है, जिसको कोई शास्त्र इतनी निर्भीकता से नहीं कह पाया, जैसा कि राजा जनक ने कहा।

अज्ञानी अहंकारों में जीता है। चित्त की स्फुरणा से ही स्वभाव बनता है तथा अहंकार के कारण वह अपने को कर्ता मानता है। अतः वह कर्मफल का भोक्ता होता है। मनुष्य में सक्रियता भी तभी आती है जब वह फल की आकांक्षा से कार्य करता है।

ज्ञानी मन तथा अहंकार के स्वभाव से रहित होकर केवल साक्षी-भाव से जीता है, अतः उसमें कर्तापन एवं भोक्तापन भी नहीं होता। वह कर्म का त्याग करके आलसी या निष्क्रिय भी नहीं होता; किंतु चित्त की स्फुरणा

भी नहीं होती, क्योंकि उसमें कोई वासना नहीं होती।

राजा जनक कहते हैं कि मैं आत्मा हूँ, जो अद्वयस्वरूप है। सृष्टि में दो हैं ही नहीं। आत्मा-परमात्मा, जीव-ब्रह्म, प्रकृति-पुरुष आदि का विभाजन सृष्टि में कहीं नहीं है। सभी उस एक ही आत्मा का विस्तार है। दो मानना ही अज्ञान है, भ्रांति है। अब मेरे लिए कोई लोक नहीं है, जहाँ मैं रहूँ, क्योंकि मैं ही सर्वत्र हूँ। मोक्ष मुझसे भिन्न नहीं है। मैं आत्मवत् होने से स्वयं ज्ञान हूँ।

परमात्मा एवं उसकी कृति भिन्न नहीं है। स्रष्टा और सृष्टि दो नहीं, एक ही हैं। अद्वैत की ऐसी अनूठी धारणा अन्य किसी धर्म में नहीं है। यह धारणा पूर्णत: वैज्ञानिक है।

राजा जनक सद्गुरु के कारण केवल बोध मात्र से उस अद्वय स्वरूप को प्राप्त हुए। वे कहते हैं कि जब संपूर्ण सृष्टि आत्मा का ही विस्तार है तो आत्मा ही मूल तत्त्व है। वही अस्तित्व है, फिर उससे भिन्न न कोई सृष्टि है, न उसका संहार; क्योंकि अस्तित्व कभी नष्ट नहीं होता, ऊर्जा कभी नष्ट नहीं होती। जिसने आत्मा को पा लिया, उसके लिए साध्य, साधन, साधक एवं सिद्धि सब व्यर्थ हैं।

राजा जनक अपनी आत्म-स्थिति का वर्णन करते हुए कहते हैं कि मैंने आत्मा को न जाना है, न पाया है, क्योंकि मैं उससे भिन्न ही नहीं हूँ। मैं स्वयं आत्मा ही हूँ। यदि आत्मा मुझसे भिन्न होती तथा मैं आत्मा को पा लेता या उसका मुझे बोध होता तो उसको सिद्ध करने के लिए मुझे प्रमाण देने पड़ते। मैं प्रमाता (बोधयुक्त) नहीं हूँ, क्योंकि बोध मुझसे भिन्न नहीं है। मैं प्रमा (बोध) भी नहीं हूँ, क्योंकि मैं तो आत्मा हूँ, जो स्वयं बोध-स्वरूप है। अत: प्रमाण की भी आवश्यकता नहीं। आत्मा प्रमेय (प्रमाण योग्य) भी नहीं है।

समस्त विक्षेप चित्त के कारण हैं। चित्त की वृत्तियाँ पैदा करती हैं उन विक्षेपों को, जिन्हें दूर करने के लिए एकाग्रता की साधना करनी पड़ती है। किंतु आत्मज्ञानी के सभी विक्षेप शांत हो जाते हैं। वह केवल आत्मा में स्थित रहता है एवं क्रिया-रहित हो जाता है, क्योंकि आत्मा क्रिया करती

ही नहीं, वह तो ऊर्जा है।

राजा जनक कहते हैं कि मैं आत्मा होने से सर्वदा क्रिया-रहित हूँ, मुझमें विक्षेप नहीं है, इसलिए मुझे एकाग्रता की भी आवश्यकता नहीं। आत्मा होने से न अज्ञान है, न मूढ़ता; न हर्ष, न विषाद। आत्मा तो इन सबसे परे चैतन्य ऊर्जा मात्र है। मैं वही हूँ।

राजा जनक कहते हैं कि मैं आत्मा हूँ, अत: मैं सर्वदा निर्विकार हूँ। व्यवहार और परमार्थता मुझमें नहीं हैं। ये तो मन के धर्म हैं। सुख-दु:ख भी मन के धर्म हैं। आत्मा इनसे परे है।

आत्मज्ञान की अंतिम उपलब्धि में सभी भेद मिट जाते हैं। केवल एक चैतन्य शेष रह जाता है। आत्मज्ञान पर सब अभेद ज्ञात होता है कि वह सब ब्रह्म ही है, एक ही है। उसी का सारा विस्तार है। भिन्नता मात्र भ्रांति है। इस भ्रांति का मिटना ही ज्ञान है। वही सत्य है।

आत्मा सर्वदा कुटस्थ (स्थिर) है, वह अखंड है। उसे उपलब्ध होना ही परम स्वास्थ्य है। इसलिए ज्ञानी ही स्वस्थ है, शेष सब रुग्ण। ऐसे व्यक्ति में न प्रवृत्ति होती है, न निवृत्ति, न उसके लिए मुक्ति; क्योंकि आत्मा का कोई बंधन नहीं होता, वह निर्बंध है। बंधन मात्र वासना एवं अहंकार के कारण है, जो अज्ञानजनित है।

लोग धर्म के नाम पर अहंकार का ही पोषण कर रहे हैं। परम धर्म इससे ऊपर एक अस्तित्व की बात कहता है, जो अखंड है, अद्वय है, निर्मल, निर्विकार एवं शांत है, केवल चैतन्य है।

राजा जनक कहते हैं कि मैंने इस आत्म-स्वरूप को पा लिया है, इसलिए अब मेरे लिए कोई उपदेश आवश्यक नहीं रह गए हैं।

शास्त्र भी अज्ञानी के लिए हैं। ज्ञानी तो स्वयं शास्त्र है, उसकी वाणी ही शास्त्र है, जो जीवंत है। ज्ञानी स्वयं गुरु है, उसने गुरुत्व पा लिया। उसे अब किसी पुरुषार्थ की भी आवश्यकता नहीं है, क्योंकि आत्मज्ञान ही परम पुरुषार्थ है, जो उसे उपलब्ध हो गया।

अंत में राजा जनक कहते हैं कि अज्ञानी ही कहता है कि संसार है, माया है, ब्रह्म ही जीव है आदि। जिसने जान लिया, वह आत्मवत् ही हो

जाता है। उसके लिए यह अज्ञानजनित भ्रम भी मिट जाता है। आत्मज्ञानी में विचारों की तरंगें उठतीं ही नहीं। सब शांत हो जाता है। ऐसा ज्ञानी उसी एक परम तत्त्व में विश्राम कर स्थित रहता है। यही ज्ञान की अंतिम अवस्था है। यही अंतिम सिद्धि है।

ॐ तत सत् शान्तिः शान्तिः शान्तिः !

□□□